平凡社新書
856

# 漢字とカタカナとひらがな

日本語表記の歴史

今野真二
KONNO SHINJI



HEIBONSHA

# 漢字とカタカナとひらがな●目次

序章　現代日本語表記の多様性……7
変わる言語景観／現代日本語表記のデフォルト
歴史的にとらえるということ／日本語表記史を概観する

第一章　漢字との出会い……21
日本語はいつ頃漢字と出会ったか？／日本語と出会った中国語
法隆寺金堂薬師如来像光背銘／墨書された漢字／漢字の字体
地下から発見される漢字――木簡に書かれた漢字

第二章　漢字で日本語を書く……47
上野国山ノ上碑／太安万侶は『古事記』を四苦八苦して書いたのか？
『古事記』はよめるか？／『万葉集』の多様性／漢字から仮名へ

第三章　仮名の発生……79
発生の場／平仮名発生の頃／紀貫之が書いた『土左日記』
仮名がうまれても漢字を捨てなかったのはなぜか？

第四章　漢字と仮名……105
和語を漢字で書く／『源氏物語』を定点として書きかたを探る
『平家物語』を定点として書きかたを探る／片仮名と表音性

第五章　漢字と平仮名・片仮名の併用……133
手書き＋印刷の時代／人情本の「工夫」／書きことばに浸潤する話しことば
平仮名と片仮名との役割分担／口語訳された『古今和歌集』
楷書体が支える漢字文字概念／語の壮大な旅《グレートジャーニー》／三つの漢楚軍談

第六章　明治時代　多様な表記の時代……167
明治十五年頃のデフォルト／二つの『花柳春話』／明治の回覧雑誌
二冊のボール表紙本／国語辞書の表記体

第七章　これからの日本語表記……209

あとがき……221

# 序章　現代日本語表記の多様性

## 変わる言語景観

朝自宅を出て勤務先の大学に向かう。駅の電光掲示板には、ハングルも表示されている。車内では、英語によって、次の駅でどちら側のドアが開くかが放送されている。秋葉原の電化製品の量販店に行く。フロア案内は日本語、英語、中国語、韓国語で表示されている。あるいは上野の美術館に行く。展示を説明しているパンフレットも日本語だけではない。

これまでは、日本語をどう文字化するか、ということが「日本語表記」という枠組みで考えることだった。それはもちろん現在も変わらないが、日本列島という空間を考えた時に、その空間にはしばらく前よりもずっと多くの言語が「飛び交う」ようになっている。「言語空間」そのもののありかたが変わったといってもよい。「言語景観」という表現を使えば、「言語景観が変わった」ということだ。

漢字についていえば、現在、中国では「簡体字《かんたいじ》」を使っているので、その「簡体字」を目にすることが多くなった。一方、台湾では「繁体字《はんたいじ》」を使っているので、それも目にすることがある。「繁体字」は「康熙《こうき》字典体」と重なり合う。一般的には「旧字」と呼ばれることがある字体である。「常用漢字表」は、「常用漢字表」が掲げている字体と対応する「康熙字典体」を丸括弧に入れて示している。「常用漢字表」に添えられている「表の見方及び使いかた」の6には「丸括弧に入れて添えたものは、いわゆる康熙《き》字典体である。これは、明治以来行われてきた活字の字体とのつながりを示すために参考として添えたものであるが、著しい差異のないものは省いた」と記されている。

現代の言語生活の中からは、この「康熙字典体」が急速に消えている。大学の授業で明治期の雑誌などを採りあげ、学生とともにそれをよみ進めていくことがあるが、少し前から、この「康熙字典体」がよめない学生が増えてきた。最初は気づかなかったが、よく考えてみれば、そもそも「康熙字典体」に接する機会がほとんどなく、高等学校までの教育の中でも、「康熙字典体」にふれることもないし、それについて教育されることもおそらくないはずだ。となれば、よめないのはいわば当然で、「なぜよめないのだ」ととがめるのがおかしいことになる。

二〇二〇年に東京で開催されるオリンピックと関係があるかどうかわからないけれども、近時、日本の古典を学習しましょう、というような話題を目にすることが多くなったように感じる。和楽器にふれてみる、日本舞踊をやってみる、いいことだと思う。外側からみているだけではわからないことは多い。「やってみる」ことは大事だ。そうであれば、夏目漱石の作品を漱石が書いた原稿でよむ、あるいは当時作品が掲載された『朝日新聞』でよむ、あるいは当時出版された単行本でよむ、という「やってみる」も大事ではないか。しかしこうした「やってみる」は準備なしにはできない。

「話しことば」と「書きことば」の違いはいろいろある。「場」の制限を受けているのが「話しことば」で受けないのが「書きことば」などさまざまな違いがあるが、もっとも大きな違いは、自然に習得できるかできないか、であろう。「書きことば」は自然に習得できない。したがって、努力して習得しなければならない。それは文字を覚えるところから始まる。現在は「印刷の時代」といってよい。日常生活で手書きの文字をよむ機会はずいぶんと少なくなった。学生が提出するレポートもパソコンを使って作成されている。筆者の勤務している大学の学科では、卒業論文が必修科目になっているので、学科の学生は卒業論文を書いて単位を認められなければ卒業できない。少し前までこの卒業論文は手書きでなければいけないことになっていた。それにはいろいろな理由があるのだが、学生はパソコンを使って下書きをつくり、最後に手書きで清書するという、筆者などの感覚ではなんだか妙なことをやることになる。パソコンで作成された下書きをプリントアウトすればきれいに印字された論文ができあがるのに、それをわざわざ手書きするのはちょっと「妙な感じ」だ。

さて話を戻せば、夏目漱石の原稿をよむためには、いわゆるくずし字がよめなくてはいけない。これまた高等学校までの教育では行なわれない。筆者の勤務している大学の学科では四年ほど前に、くずし字をよむ科目を必修科目にして、一年生全員に教えるようにした。科目をつくろうと言いだしたのは筆者なので、筆者が中心になってこの科目の運営をしている。くずし字をよむという経験をしたことのある学生はほとんどいないので、スタート地点が同じで、やる気のある学生はどんどんよむ力がついていく。そのためか、学生は案外おもしろがって授業を受けてくれる。半期十五回の授業だから、できることは限られているが、明治期の雑誌で使われている、いわゆる「変体仮名」の活字などには問題なく対応できるようになるし、古典の授業を担当している教員からも授業がやりやすくなったという話があり、好評だ。

くずし字をよむことができ、康熙字典体もある程度わかる、ということでないと、過去の文献をよむことはできない。こうしたことも、あと百年経ったら、特殊な「技術」になり、それができる人が相当に限定されるということになっているのではないだろうか。「『源氏物語』を鎌倉期の写本でよむ」といった時に、「『源氏物語』なら電子化されたテキストがあるからそれでよめばいいんじゃない？」ということになりそうだ。しかし、誰かが右の「技術」をもっていなければ、鎌倉時代に書かれた文献が新しく発見されても、誰もそれがよめない、ということになってしまう。しかも、そんな特殊な「技術」にしてしまっていいか、ということもある。「くずし字解読ソフト」のようなものの開発も行なわれている。そのソフトでよめばいいんじゃない？　ということかもしれない。しかし、これははっきり断言できるが、そうしたソフトで過去のあらゆる文献に対応することはできない。

## 現代日本語表記のデフォルト

コンピュータなどで、あらかじめ設定されている標準設定、初期設定、動作条件のことを「デフォルト」と呼ぶことがある。現代日本語の標準的な書きかたを今仮に、「デフォルト」と呼んでみることにする。

様々な仕事の現場でリーダーになれる人材を育てる「専門職大学」の創設を盛り込

んだ改正学校教育法が24日、成立し、２０１９年4月から開設される見通しになった。産業界のニーズに応えるカリキュラムや質の高い教員の確保が、定着のカギを握る。
大学の制度に新たな教育機関が追加されるのは、１９６4年の短大創設以来55年ぶりだ。専門職大学は4年制で、たとえば観光業の旅行プラン開発や、農産物の加工品の付加価値を高める研究など、特定の職業に特化した教育を展開。企業などと連携し、卒業に必要な単位の3～4割以上は現場での実習で取得する。専門教員の4割以上は実務家が担い、修了者には「学士（専門職）」を与える。

右は二〇一七年五月二十五日の『朝日新聞』の記事だ。右の書きかたがあらゆる場面で通用する「現代日本語表記のデフォルト」といえるかどうか、少し調整が必要になる場合もあろうが、おおむねはデフォルトといってよいだろう。その「デフォルト」の内実を整理すれば次のようになるだろう。

1　漢字は常用漢字表に載せられている漢字字体を使う。
2　漢字の音、訓は常用漢字表に載せられている音、訓を使う。
3　区切りを示すために句読点を使う。

4　かなづかいは「現代仮名遣い」（昭和六十一年七月一日内閣告示）に従い、送り仮名は「送り仮名の付け方」（昭和五十六年十月一日内閣告示）に従い、外来語の表記は「外来語の表記」（平成三年六月二十八日内閣告示）に従う。

「外来語の表記」「現代仮名遣い」「常用漢字表」「送り仮名の付け方」は現代日本語表記のデフォルトのいわば根拠となる規定といってよい。これらの他に「ローマ字のつづり方」（昭和二十九年十二月九日）もあるが、日本語をローマ字で綴る場面はかなり限定されているので、今これは話題にしないことにしよう。そして、さらに「公用文における漢字使用等について」（昭和五十六年十月一日）、「『公用文における漢字使用等について』の具体的な取扱い方針について」（同前）、「公用文作成の要領」（昭和二十七年四月四日）といった、公用文を作成するにあたってのいわば「方針」がある。これは「方針」であるので、内閣告示されているものよりは「縛り」が緩いともいえる。

例えば、「公用文作成の要領」の中に、「第三　書き方について」という条があり、その3に「左横書きの場合は、特別の場合を除き、アラビア数字を使用する」とある。そしてその3には次のような三つの「注」が附されている。

1　横書きの文章の中でも「一般に、一部分、一間（ひとま）、三月（みつき）」のような場合には漢字を用いる。「100億、30万円」のような場合には、億・万を漢字で書くが、千・百は、たとえば「5千」「3百」としないで、「5,000」「300」と書く。
2　日付は、場合によっては、「昭和24・4・1」のように略記してもよい。
3　大きな数は、「5,000」「62,250円」のように三けたごとにコンマでくぎる。

「左横書きの場合は、特別の場合を除き、アラビア数字を使用する」は縦書きの場合を規定していないともいえよう。ごく常識的に考えれば、そして実際にどうであったかを考えれば、「左横書き」（左から始まる横書き）には「右縦書き」が対応していて、「左横書き」の場合には「アラビア数字を使用する」とあるのだから、「右縦書き」の場合には、「アラビア数字を使用しない」すなわち「漢数字を使用する」とみるのが自然ということになるのであろうが、しかし、規定としてみれば、「右縦書き」については規定されていないというしかない。

さて、右のように推測して、「右縦書きの場合は、漢数字を使用する」がデフォルトだとすれば、先にあげた『朝日新聞』の記事はそうではないことになる。「24日」という書きかたは、アラビア数字は横書きされており、「日」は縦書きされているのだから、横書きと縦書きとを混じた書きかたということになり、原理からいえば、「1964年」よりもいわば「衝撃的」なことになる。

また、漢数字を使った場合でも、現在では位取り数字「十」を書かずに四十五を「四五」と書くことが一般的になりつつある。これがまた過去の書きかたと抵触してわかりにくくなることがある。明治期の雑誌をよんでいて、「友人三四人と連れだって食事に出た」というような文があったとする。少し落ち着いて考えれば、友人三十四人であるはずがない。しかし、これは現代風にみれば、三十四人になる。

先の『朝日新聞』の記事は「漢字平仮名交じり」で書かれ、「リーダー」「ニーズ」「カリキュラム」「プラン」といった外来語が片仮名で書かれている。その他和語「カギ」も片仮名書きされているが、これは「強調」といった意味合いがありそうだ。現在は、強調のために傍点を使うことは（通常は）ないので、鉤括弧を使ったり、片仮名書きしたりすることで当該語句をめだたせることがある。

## 歴史的にとらえるということ

本書は『漢字とカタカナとひらがな――日本語表記の歴史』をタイトルとしている。日本語を書くために使う文字である、漢字、平仮名、片仮名がどう使われてきたか、ということをおもに歴史的に述べていこうと思う。

言語学においては、言語を歴史的にとらえるとらえかたと、共時的=同時代的にとらえるとらえかたとを峻別する。「共時的」とは、例えば、昭和以降という時間幅を設定して、その時間幅に「現代」という名前をつけ、それを同じ時期の言語としてみなす、ということである。しかし、現代に生きる人が過去について考えようとすると、どうしても現代人の「感覚」や「みかた」にとらわれた観察をしてしまいがちだ。これはある程度はしかたがないことともいえるが、その程度が過ぎれば、過去を現代というフィルターを通してみることになってしまう。

例えば、十七世紀の初頭に出版された、平仮名を多く使って印刷されている『平家物語』と、「漢字片仮名交じり」で印刷された『平家物語』とを対照して、「出版された時代には、ひらがな本のほうがよりやさしいものとして認識されていたと考えられる。漢字の多いカタカナ本はよみづらいものではなかったか」という推測をしたとしよう。この推測では、「よみづらい」に対して「やさしい」つまり「よみやすい」という概念設定がされているが、筆者などはこうした概念設定も慎重にしなければ、と思う。仮に「よみやすい/よみにくい」という概念設定が可能だったとして、それは「平仮名漢字交じり」「漢字片仮名交じり」といった「書きかた」のみが左右することか、ということだ。そして、その「よみやすい」と感じたり、「よみにくい」と感じたりするのは同じ人物なのだろうか。異なる人物が、ということであれば、異なる人物のリテラシーは当然異なることがあろうから、それは「書きかた」のためではなく、リテラシーによるのではないか。いずれにしても、現代の「感覚」を起点とした推測は慎重にする必要がある。

## 日本語表記史を概観する

日本語には正書法がない。この語はこのように書かなければならないという唯一の書きかたがないということだ。日本語の「ハナ（花）」にあたる語は、英語では「flower」と書く。この書きかた以外は誤った書きかたということになる。つまり、英語においては、正しい書きかたか誤った書きかたしかない。しかし、日本語においては、平仮名で「はな」と書くこともできるし、片仮名で「ハナ」と書くこともできる。漢字を使って、「花」「華」と書くこともできる。どの書きかたが正しくて、どの書きかたが誤っているということではない。つまり書きかたに選択肢がある。それが「正書法がない」ということだ。

九世紀末から十世紀初頭にかけての頃に仮名が成った、とみた場合、仮名成立以降は、語を仮名で書くことができるようになり、漢字で書くか、仮名で書くか、という選択肢が生じた。仮名発生以前は、漢字のみで日本語を書いていたが、その時もどのように漢字化するかということには選択肢があった。つまり、日本語をどう文字化するかということについてはつねに選択肢があったことになる。

そうなると、「どう文字化するか」という「表記の歴史」を歴史として描くことはたやすくはない。いつもいろいろな書きかたがあるからだ。日本語を（中国語に翻訳するような形で）漢文で書くというのは、狭義の「どう文字化するか」ということを超えて、いかなる言語で書くかということであるが、その「漢文で書く」という選択肢は、『万葉集』の時代から明治期までずっとあったといえる。仮名が発生してからは、「漢字と仮名とを使って書く」書きかたがうまれたが、だからといって、「漢文で書く」書きかたはなくならなかった。AからBに移行し、BからCに移行し、ということではない事象の「歴史」をどうやって描けばよいか。日本語表記の歴史を記述しようとすると、最初にこの大きな問いにつきあたることになる。平安時代にはこうだった、鎌倉・室町時代にはこうだった、という「述べかた」は、それぞれの時代がどうであったかを並べただけともいえよう。では、どうすればいいか。その答えはまだしっかりと出ていないというべきかもしれない。

本書では、できるだけ、具体的な文献を採りあげつつ記述を展開することによって、単なる現代人の「推測」を述べるだけ、ということを避けようとしている。そして、現代の日本語、現代の日本語表記が、現代に先立つ時代の「ありかた」と、いずれかの点においいて連続しているということをできるかぎりわかりやすく述べようと試みた。ただ「おもしろい」「すごい」ということはむしろたやすいであろうが、そんなに単純化できないことだってたくさんあるはずだ。読者の方々に、そうしたことの味わい深さを感じていただければさいわいだ。

# 第一章　漢字との出会い

## 日本語はいつ頃漢字と出会ったか？

漢字について書かれている書物は多い。新書だけでも相当な数になるだろう。漢字はもともとは中国語を書くための文字であった。だから「中国語における漢字使用」という観点と「日本語における漢字使用」という観点がある。「日本語がいつ頃漢字と出会ったか」については、これから述べていくが、だいたい五世紀ぐらいとみることが多い。そうであれば、五世紀から現代まで、「日本語における漢字の歴史」がある。本書を読んでくださる方は、現代の方だから、現代の日本語と漢字とのかかわりについて、ということがらにもっとも興味があるかもしれない。そういう書物も当然ある。筆者は、日本語の歴史についての分析をしている。したがって、「日本語における漢字の歴史」をきちんとおさえながら、話を進めていきたい。そういう意味合いではどちらかといえば、漢字の歴史的変遷を述べながら漢字について考えていく、ということになる。中国語における漢字について述べたかと思うと、日本語における漢字について述べる、日本の八世紀の話をしたかと思うと、現代の話をするというような述べかたは「漢字についての知識」の羅列のようなもので、それはそれでおもしろい面があるのかもしれないが、本書はそのような述べかたをしない。ことがらを秩序だててとらえ、一定の観点から述べるということを重視したいからだ。

ものごとをとらえるとらえかたには、共時的なとらえかたと通時的なとらえかたとがあるというのが言語研究の「常道」だ。共時的なとらえかたは、「体系」ということと結びつきやすく、通時的なとらえかたは「歴史」と結びつきやすい。「体系」は「枠組み」と言い換えてもいいかもしれないが、この「体系」と「歴史」とがないがしろにされるようになってきたように感じる。今、ここでおもしろいこと、楽しめること、を楽しむことがわるいというわけではないが、それはややもすれば「つまみぐい」になることがある。しばらく前から「いいところどり」という表現が使われるようになった。表現が稚拙になってしまうが、「いいところ」もあれば「そうでないところ」もあるのが「体系」であるし、はなばなしいできごとばかりが連続するわけではないのが毎日の暮らしだ。おもしろそうなところだけを抜き出してつないだものは、「おもしろいところを抜き出した歴史」だから、「おもしろいところを抜き出した」という限定がついている。本書においては、この「体系」と「歴史」ということにできる限り気を配っていきたい。

さて、漢字と仮名とを使って日本語を書くということが常態化している現代においては、想像しにくいであろうが、日本語（の祖型にあたる言語）は使われているが、文字がなかったという時期が確実にあったことが推測される。いわゆる「無文字時代」だ。ヒトが集団生活をしている以上、コミュニケーションをとるための手段としての言語をもっていることが自然である。あるいは言語をもっていたから集団生活が可能だった、といってもよいかもしれない。

例えば、いわゆる「縄文時代」を考えてみよう。「縄文時代」がいつ頃から始まったか、ということについても、現在ではさまざまな「みかた」が提示されている。最後の氷期である更新世《こうしんせい》が終わり、温暖な気候となる完新世《かんしんせい》の初めである、約一万一千五百年前、撚糸《よりいと》文《もん》系土器の時期を縄文時代の始まりとする「みかた」がある。今この「みかた」に従うとすれば、今から約一万一千五百年前に日本列島上には、ヒトがいた。そして、先に述べた推測が正しいとすれば、日本語（の祖型にあたる言語）を使っていた。しかし、文字はなかった。

なぜ文字がなかったと推測するかといえば、もちろんその頃に使われていたと思われる文字が残っていないからだ。「残っていない」にもいろいろあって、「残りようがない」ということも「残っていない」と表現できる。例えば、「縄文時代」のヒトの声は「残っていない」。それは、ヒトの声を残すような機器がなかったからで、これは「残りようがない」。しかし文字はどうだろうか。縄文式土器といわれる土器が日本各地で出土している。それらをひとくくりにしていいかどうかという議論があるが、とにかく出土している縄文式土器には文字と認められるようなものが、記されていない。先に「撚糸文系土器」という語を使ったが、それ以前には「隆起線文系土器」と呼ばれる、土器の口縁部や胴の上半部に一ないし数条の細い粘度紐を貼り付けた線状の文様を特徴とする土器がつくられているが、どちらにも文字と認められるようなものはない。もしも文字があるのであれば、それを記す可能性はあるそうだが、ない。これは可能性があったのに「残っていない」に限りなくちかい。

図1　手宮洞窟の壁

北海道小樽市の手宮《てみや》洞窟の壁に絵（のようなもの）（図1）が刻まれているのが、慶応二（一八六六）年に発見されている。この絵のようなものが刻まれた時期は、現在では、今から約千六百年前頃の続縄文時代中頃から後半の時期で、本州における弥生時代の終わり頃から古墳時代の初期にあたると考えられている。同じ時期に刻まれたものが余市町のフゴッペ洞窟にある。文字と考えられたこともあったが、アムール川周辺にみられるものと似ていることもわかり、日本海を囲むロシア、中国、朝鮮半島にも類似のものがあり、そうした日本海を囲む大きな文化に共通のものと考えられている。

図1で刻まれているものが文字だとすれば、それが何らかの言語と結びつけられて、どのような語を刻んだものかが「解読」される必要がある。解読された時が、文字であることが「証明」された時といってよい。手宮洞窟に刻まれているものは、広い地域に共通していることがわかってきているので、文字であるならば、そのような広い地域で共通して使われていた言語があったことになり、この想定には無理がありそうだ。となれば、やはり何らかの文化を背景にした絵と考えるのが穏当であろう。

さて、古墳時代前期前半にあたる四世紀の古墳からは、魏の青龍三（二三五）年をはじめとして、景初三（二三九）年、正始元（二四〇）年や呉の赤烏元（二三八）年、同七（二四四）年、西晋の元康元（二九一）年までの年紀が刻まれた鏡が西日本を中心にして、群馬、山梨から島根、山口にまでわたる前期の古墳から出土している。

図2は島根県雲南市加茂町にある神原神社古墳から出土した三角縁神獣鏡で、魏の年号

図2　神原神社古墳から出土した三角縁神獣鏡

の「景初三年」から始まる四十字余の漢字が刻まれている。三角縁神獣鏡は銅鏡の形式の一つで、縁の部分の断面の形状が三角形状になっており、神獣が描かれていることから名づけられている。図の銅鏡は、直径二十三センチメートルで、鏡背に四神（四獣：青龍・朱雀・白虎・玄武）が描かれている。

景初三年は、いわゆる『魏志』倭人伝に、「倭女王」が「朝献」を求め、「五尺刀二口、銅鏡百枚」を賜ったと記されている年にあたっているところから、この銅鏡がその「百枚」にあたるとの「みかた」がある。その一方で、三角縁神獣鏡が日本国内では（百面をはるかに超える）五百六十面ちかくも出土していること、中国ではこの形式の鏡が一面も見つかっていないことなどから、日本でつくられたもの、という「みかた」もある。また一つの鋳型（范）によって製作する「同范技法」によってつくられたもの、という「みかた」もあり、邪馬台国論争ともかかわって、定説をみない。話題が広がりすぎるので、漢字の話題に戻ることにする。刻まれている漢字は「景初三年、陳是作竟、自有経述、本是京師、「絶」地亡出、吏人詺之、位至三公、母人詺之、保子宜孫、壽如金石兮」とよまれている。

古墳時代前期後半に出土する鏡の中には、意味をなさない、あるいは漢字としての形を保っていない「記号」が刻まれたものがある。その意味をなさない「記号」の羅列を「擬銘帯」と呼ぶが、いうまでもなく、漢字を文字としてとらえていなかったことを示すもので、当然鏡の製作者は中国語を解さない日本の工人であろう。そうであるとすれば、四世紀頃までに、「日本語は漢字と出会っていた」、しかし、それは文字とは認識されていなかったとみるのがよさそうだ。

古墳時代中期後半、五世紀に日本でつくられたと思われる鉄剣や大刀、鏡に日本人名や地名などの固有名詞を含んだ漢字で書かれた文章が刻まれたものが出土している。代表的なものとして、歴史の教科書などでもよく採りあげられている、埼玉県行田市《ぎょうだし》の稲荷山《いなりやま》古墳出土の鉄剣がある。この鉄剣には「辛亥年」で始まる百十五字（表面に五十七字、裏面に五十八字）の銘文が金象嵌《きんぞうがん》されていた。「辛亥年」を西暦四七一年とみるか、六十年遅い五三一年とみるか、判断が分かれているが、四七一年（五世紀）とみることが多い。刻まれている漢字を示しておこう。

表：辛亥年七月中記乎獲居臣上祖名意富比垝其児多加利足尼其児名弖已加利獲居其児名多加披次獲居其児名多沙鬼獲居其児名半弖比

裏：其児名加差披余其児名乎獲居臣世々為杖刀人首奉事来至今獲加多支鹵大王寺在斯鬼宮時吾左治天下令作此百練利刀記吾奉事根原也

「乎獲居臣（ヲワケの臣）」の祖先の名が、「意富比垝（オホヒコ）」「多加利足尼（タカリのすくね）」「弖已加利獲居（テヨカリワケ）」「多加披次獲居（タカヒシワケ）」「多沙鬼獲居（タサキワケ）」「半弖比（ハテヒ）」「加差披余（カサヒヨ）」と七代連ねられ、その「カサヒヨ」の児の名が「乎獲居臣」だと改めて述べられている。そしてこの「ヲワケの臣」が「杖刀人首」として「獲加多支鹵大王」を「サヂ（左治＝佐治）（政治をたすけ、国を治める）」していたことが述べられている。このことから、この鉄剣は、「ヲワケの臣」が自らの功績を記念して製作させたものと考えられている。

熊本県玉名郡和水町江田にある船山古墳から出土した、五世紀半ば頃のものと推定されている鉄刀には、銀象嵌によって七十五の文字が刻まれている。冒頭には「治天下獲□□□鹵大王」と刻まれており、先にみた稲荷山古墳出土鉄剣銘の「獲加多支鹵大王」とともに、「ワカタケル（大王）」という固有名詞を書いたものと推測されている。「ワカタケル」は雄略天皇の実名（諱《いみな》）で、そのことから、これらの鉄剣、鉄刀は、雄略朝（五世紀後半）の頃に製作されたと考えることができる。

この江田船山古墳出土鉄刀銘には典曹人《てんそうじん》の「无利弖（ムリテ）」という人物が刀をつくることを命じ、銘文をつくったのは「張安（ちょうあん）」という人物で、実際に鉄刀をつくった人物が「伊太加（イタカ）」であると記されている。

日本語の「キ」に「鬼」、「ロ」に「鹵」、「ワ」に「獲」をあてる「あてかた」は八世紀に成った『万葉集』にはみられず、朝鮮の古代文献である『三国史記』において、固有名詞を書くにあたって使われた音仮名と共通していることが指摘されている。そのことからすれば、鉄剣銘の作者が朝鮮半島からの渡来人か、それに連なる人物であった可能性がたかい。

文章全体を古典中国語文＝漢文で書き、日本の人名などの固有名詞を、中国で行なわれた「仮借《かしや》」の原理によって書き、実際の漢字としては、朝鮮半島で使われていた漢字を使う、というこの「書きかた」は、雄略朝における「最先端の文章表記」と評価されることがある。五世紀頃に古典中国語文＝漢文を訓読することはなかったと、これまでは考えられてきているが、日本語の「書きことば」を形成するにあたって漢文訓読が影響を与えているというみかたもあるので、今後は慎重に考える必要があるだろう。

古典中国語＝漢文によって、書こうとすることがらを書いた時期＝第一段階がまずあることは当然のことであろうが、文章全体を古典中国語＝漢文で書き、固有名詞のみは日本語の発音がわかるようなかたちで漢字で記すという第二段階を示しているのが、江田船山古墳出土鉄刀銘、稲荷山古墳出土鉄剣銘であるとみることができる。

## 日本語と出会った中国語

先にいわゆる『魏志』倭人伝についてふれた。少し遡るが、『魏志』倭人伝についても考えておこう。三世紀の中国の歴史を記した史書で西晋の陳寿（二三三―二九七）が著わした『三国志』全六十五巻は、「魏書」三十巻、「呉書」二十巻、「蜀書」十五巻に分かれる。その「魏書」の末尾には中国周辺の異民族について記されている「烏丸鮮卑東夷伝《うがんせんぴとういでん》」が置かれており、その「東夷伝」は七つの民族について述べているが、その末尾に「倭」についての記事が置かれている。その中の「倭人在帯方東南大海之中」（倭人は帯方の東南大海の中にあり）から始まる千九百八十四字の箇所が「魏志倭人伝」と通称されている。つまり、「魏志倭人伝」というタイトルをもつ書物は存在しない。そうであるが、以下では、通称に従って、「魏志倭人伝」といういいかたを使うことにする。この「魏志倭人伝」は、陳寿とほぼ同時代の人物と推測されている魚豢《ぎょけん》の著わした『魏略』に多くを依拠していることがわかっている。そして、その『魏略』の原本は現存しない。

「日本語と出会った中国語」という小見出しをつけた。あるいはわかりにくい表現かもしれないが、中国語を母語としている人が（どのような経緯でかは不分明であるが）、日本語を耳にして、それを中国語で書かれた書物の中に「埋め込んだ」のが「魏志倭人伝」である、という意味合いだ。日本列島上で、日本語（あるいは日本語の祖型にあたる言語）を母語とする人が漢字と出会うのは、「漢字と出会った日本語」あるいは「日本語と漢字との出会い」である。何を述べたいかといえば、中国語を母語としている人が耳にした「日本語」をまずどのように聞き、次にそれをどのように漢字によって書くか、ということがある、ということを述べておきたいということだ。「どのように聞き」は、いささかいかめしくいえば、「中国語の音韻体系で日本語をどのようにとらえるか」ということだ。同じような表現を使えば、日本語を母語としている人が中国語を耳にする場合は、「日本語の音韻体系で中国語をどのようにとらえるか」ということになる。こういうところはきちんとおさえておきたい。つまり、うまく聞き取れたか、ということを含むということでもある。

「魏志倭人伝」は邪馬台国あるいは女王卑弥呼と結びつけられることが多い。卑弥呼は「乃共一女子為王名曰卑彌呼」（すなわち、共に一女子を立てて王と為す。名づけて卑彌呼という）と記されている。「卑彌呼」は通常「ヒミコ」という発音を書いたものと考えられているが、それだって、「検証」を経なければわからないことだ。

さて、「魏志倭人伝」の中には、日本語、より正確にいえば、日本語の人名、官名、地名を書いたものと思われる語が幾つかある。例えば「其大官曰卑狗副曰卑奴母離」（その大官を卑狗といい、副を卑奴母離という）の「卑狗」「卑奴母離」は官名であることが明らかである。前者は「ヒコ」、後者は「ヒナモリ」と発音する語を書いたものとみることが多い。「ヒコ」を男性名に使われる「ヒコ（彦）」と結びつけるみかたもある。「卑奴母離」が「ヒナモリ」を書いたものだとすると、〈都から離れた地方、田舎〉という語義の「ヒナ」と〈守る〉という語義の「モリ」の複合語とみることができる。これなどは比較的きちんと日本語と結びつけることができる語といえよう。

したがって、慎重な態度をとるとすれば、「魏志倭人伝」に日本語が書かれている、とまで断言はできないことになる。先に、「古典中国語＝漢文によって、書こうとすることがらを書いた時期＝第一段階がまずあることは当然のことであろうが、文章全体を古典中国語＝漢文で書き、固有名詞のみは日本語の発音がわかるようなかたちで漢字で記すという第二段階を示しているのが、江田船山古墳出土鉄刀銘、稲荷山古墳出土鉄剣銘であるとみることができる」と述べた。整理すると次のような「段階」があることになる。この第一段階、第二段階では、文章全体が古典中国語＝漢文によって書かれているので、そもそも日本語の文章を書こうとしていたのか、そうではなくて、「日本語を古典中国語に翻訳して書こうとしていた」のかが、できあがっている文章からはわからないことになる。といっても、脳内に日本語の文章が思い浮かぶか、そうではなくて、古典中国語の文章が思い浮かぶか、ということであるので、その違いを把握することだって難しい。だから原理的に、ということになるかもしれない。それでも、そこは重要である。できあがっている文章から、日本語の文章を書こうとしていたことがわかるものがある。この場合は、日本語の文章を書こうとしていたことがはっきりとしている。こういうものがみられるようになるのは、七世紀の初め頃からだ。これを第三段階としておこう。

第一段階＝漢文によって書こうとすることがらを書く
第二段階＝文章全体を漢文で書き、固有名詞のみは日本語の発音がわかるようなかたちで漢字で記す
第三段階＝日本語を漢字で書こうとする

**法隆寺金堂薬師如来像光背銘**

法隆寺金堂薬師如来像光背銘には次のように記されている（図3）。

1　池邊大宮治天下天皇大御身勞賜時歳

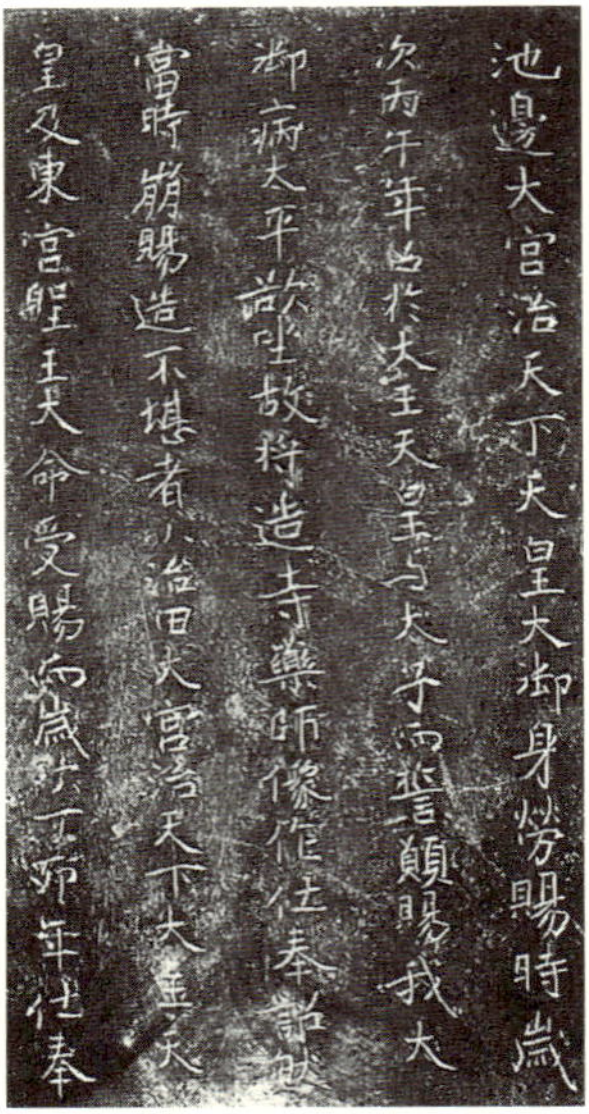

池邊大宮治天下天皇大御身勞賜時歳
次丙午年召於大王天皇与太子而誓願賜我大
御病太平欲坐故将造寺薬師像作仕奉詔然
當時崩賜造不堪者小治田大宮治天下大王天
皇及東宮聖王大命受賜而歳次丁卯年仕奉

図3　法隆寺金堂薬師如来像光背銘

2　次丙午年召於大王天皇与
太子而誓願賜我大
3　御病太平欲坐故将造寺薬
師像作仕奉詔然
4　當時崩賜造不堪者小治田
大宮治天下大王天
5　皇及東宮聖王大命受賜而
歳次丁卯年仕奉

3行目の「薬師像作」は「薬師像ヲツクリ」、4行目の「造不堪」は「ツクルニタエズ」、5行目の「大命受」は「オオミコト（大命）ウケ」を書いたものと考えられているが、そうであれば、これらは日本語の語順のままに漢字化を行なっていることになる。逆にいえば、日本語を書こうとしているから日本語の語順が「露出」している、という判断である。

また1行目の「大御身」や2行目から3行目にかけての「大御病」の「大御」は、尊敬を表わす接頭語「オホミ」を漢字化したものと考えられている。1行目の「勞賜」、2行目の「誓願賜」、4行目の「崩賜」、5行目の「受賜」の「賜」は尊敬の補助動詞「タマフ」にあてられたものと考えられている。これらは、日本語にはあって、中国語にはない言語要素を文字化したものである。

待遇表現や日本語の助詞、助動詞は、中国語側に対応する言語要素が存在しない。中国語側にひきつけるのであれば、そうした言語要素を文字化しないということが考えられる。しかし、右の光背銘においては、そうした言語要素が文字化されており、日本語を書くという側に「軸足」が置かれているとみることができる。この光背銘が書かれた頃には、日本語を漢字で書く、ということがそうした新たな段階に入ってきたと推測することができる。

銘文の末尾には「丁卯年」（推古十五年＝西暦六〇七年）の年紀がみられるが、像は白鳳時代のものであるとのみかたがあり、銘文の年紀と年代が合わない。銘文、像ともに七世紀後半、法隆寺再建時のものというみかたが有力になっている。

薬師如来像は、現在は金堂の内陣の東の間の本尊となっているが、釈迦三尊像が、中の間の本尊となっている。この釈迦三尊像の光背の三三・九センチメートル四方に、十四行、各行十四字で合計百九十六字の銘文が刻まれている（図4）。銘文には「癸未年」（推古三十一年＝西暦六二三年）の年紀がみられ、最末尾には「使司馬鞍首止利佛師造（司馬鞍首止利仏師をして造らしむ）」と記されている。推古三十一年は聖徳太子薨去の翌年にあたる。

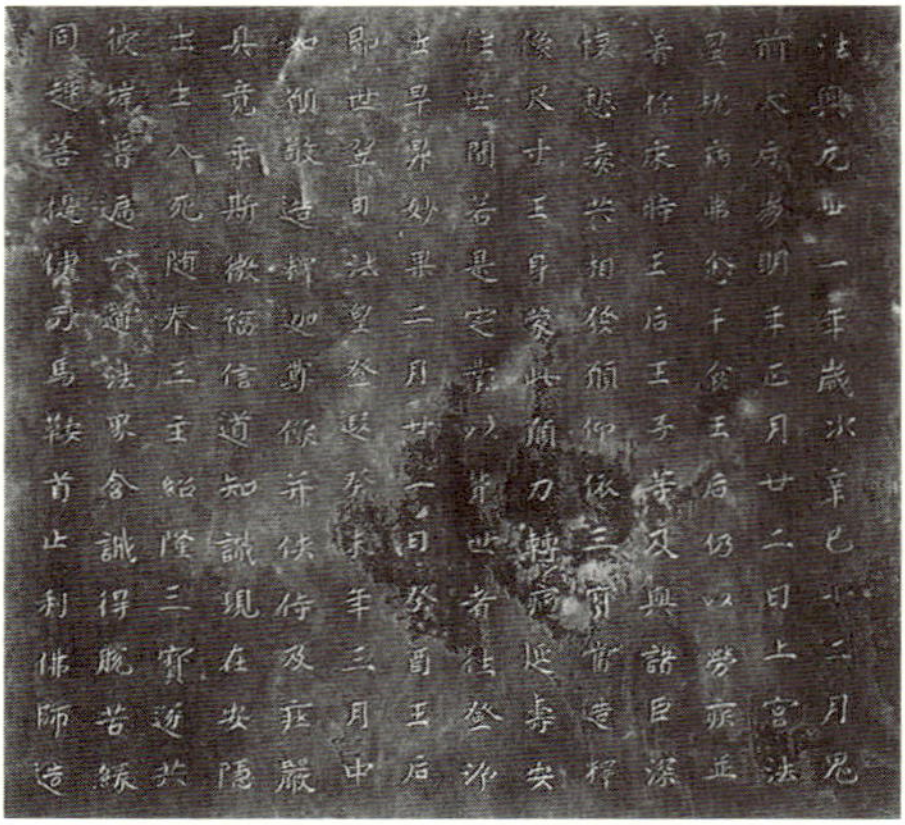

図4　釈迦三尊像の光背の銘文

また、銘文中には、古典中国語文の一つの形式で、六朝時代から唐代にかけて盛行した「四六駢儷文《べんれいぶん》」（駢体）とみなし得る文を含んでおり、そうしたことを意識して書かれた文章といえよう。それに比して（といっておくが）、薬師如来像光背銘は、文章が四六駢儷文をもちこむほどの長さをもっていないということもあろうが、そのようには書かれていない。つまり、古典中国語文に仕上げるという意識があまりなかったと思われる。これまでも指摘されているが、3行目「造寺薬師像作」が、「寺を造り、薬師像をつくり」という日本語文を書いたものだとすれば、「テラヲツクリ」はいわば漢文式に「造寺」と書き、「ヤクシゾウヲツクリ」は日本語の語順に従って、漢字に置き換えているという、整斉としない書きかたを採っていることは目をひく。「漢字を使って日本語を書く」ということが具体的なかたちとして「足跡」を残し始めている。

## 墨書された漢字

釈迦三尊像を安置した二段に重ねられた台座の上座の鏡板の内側に「相見可陵面　未識心陵可　時者」という十二字が墨書されている。三字目は「可」としたが、「兮」にみえなくもない。そしていずれにしても、文意がよくつかめない。つまり「よめていない」。また、同じ釈迦三尊像の台座の下座の台脚部には「辛巳年八月九日作□□□□」「留保分七段、書屋一段、尻官三段御支□三段」などと書かれている。聖徳太子薨去前年の推古二十九年（西暦六二一年）が「辛巳年」にあたる。こちらの文章も文意がよくつかめないが、「書屋」は「フミヤ」という日本語を書いたもので、「フミヤ」は聖徳太子家の文書管理機関のことではないかという説がある。また「尻官」は「シロノツカサ」という日本語を書いたもので、その「シロノツカサ」は土地の管理機関あるいは皇室の部民にかかわる機関ではないかという説がある。いずれにしても、不分明な点を多く含み、推測の域にとどまるが、こうした台座に文字を記した人物は、管理機関の役人あるいは像の製作にかかわった工人などを想定するのがもっとも自然であり、そうであれば、漢字を使って文章を書くという技術にひろがりがうまれている可能性がたかい。

ことがらをさらに具体的に観察してみよう。法隆寺金堂釈迦三尊像と法隆寺金堂薬師如来像の光背銘はどのような字体で刻まれていたのだろうか。

平成二十二（二〇一〇）年に改定された「常用漢字表」が現在の言語生活における漢字使用のよりどころになっている。この「常用漢字表」は終戦後の一九四六年に内閣告示された「当用漢字表」にかわって、昭和五十六（一九八一）年にまず内閣告示されたものである。「当用漢字表」については「現代国語を書きあらわすために、日常使用する漢字の範囲を、次の表のように定める」と述べられており、告示当時の「現代国語」（現代日本語）に対応することを目的としていることがわかる。その「まえがき」には「簡易字体については、現在慣用されているものの中から採用し、これを本体として、参考のため原字をその下に掲げた」とある。「簡易字体」「本体」が「当用漢字表」に掲げられている字体で、「原字」は、「当用漢字字体表」の「備考」の表現を使えば、「従来用いられた形」ということになる。これをこの時点で新たに定められた字体表には採用されなかったかつての字体という意味合いで「旧字体」と呼び、採用された字体、つまり先の「簡易字体」を「新字体」と呼ぶことがある。これが「新字体」「旧字体」という表現の正確な使いかたである。しかし、「かつて使われていた字体」という、ごく一般的な意味合いで「旧字体」という表現が使われることもある。本書では、「旧字体」という表現は限定的に正確に使うことにする。この「旧字体」は、康熙五十五（一七一六）年に完成した『康熙字典』が掲げる「康熙字典体」にほぼあたる。

「常用漢字表」の「本表」は「漢字」「音訓」「例」「備考」と名づけられた四つの欄によって構成されている。「漢字」欄には（当然のことであるが）漢字が具体的な形を伴って示されている。場合によっては丸括弧内に別の形が示されているが、このことについて、「常用漢字表」に添えられている「表の見方及び使い方」には「丸括弧に入れて添えたものは、いわゆる康熙《き》字典体である。これは、明治以来行われてきた活字の字体とのつながりを示すために参考として添えたものであるが、著しい差異のないものは省いた」と記されている。ここでは「康熙《き》字典体」という表現が使われている。

例えば「常用漢字表」は「浄」という字体を示し、丸括弧内には「淨」という字体を入れて示している。「淨」が「康熙字典体」ということになる。そうなると「常用漢字表」が掲げている「浄」は新しくつくられた形、あるいはそうでないにしても、ふるくは使われていなかった形だろうと推測しやすい。しかし必ずしもそうではない。釈迦三尊像光背銘の七行目の末尾に「浄」字が使われている。あるいは、九行目の一字目には「即」が刻まれているが、これは「常用漢字表」に載せられている字体で、「康熙字典体」は「卽」である。このように、「常用漢字表」に載せられている字体が使われている例として、「並」「着」「諸」「者」「浄」「即」「乗」の七字がある。薬師如来像光背銘には「与」「者」がある。

逆に、「康熙字典体」が使われている例として、釈迦三尊像光背銘には「與」「寶」「造」「迦」「嚴」「道」「隆」「遂」「遍」「佛」を見いだすことができる。また薬師如来像光背銘には「當」「邊」を見いだすことができる。これは注目に値することで、「新字体」と呼ばれる字体のうち、七世紀に使われていたものがあるということだ。

釈迦三尊像光背銘に百九十六字が刻まれていることは先に述べた。「常用漢字表」に一致するものが七字で、「康熙字典体」と一致するものが十字だとすると、残りの百七十九字はどういう字なのだろうか。同じ形か別の形か、ということには「判断」が伴う。したがって、誰が「判断」しても「判断」が変わらないという場合、人によって「判断」が少し「揺れる」という場合、だいぶ「揺れる」という場合など、さまざまな「場合」があり得る。そこまで細かい話を展開することはできないので、ごくはっきりした例についてのみ採りあげて話題にしていくが、「康熙字典体」にも「常用漢字表」が掲げる字体にも一致しない形がみられる、ということである。

例えば、釈迦三尊像光背銘の二行目十三字目に「宮」という字が使われている。この字は十画の字で、分解的にいえば、ウ冠の下に「呂」が入った形をしている。「康熙字典体」も「宮」である。ところが、銘文には「呂」の四画目がない形、つまり「口」が上下に並んでいる形が刻まれている。

これは薬師如来像光背銘の一行目の四字目、四行目の十三字目、五行目の四字目も同様であるので、銘文を刻んだ人物の癖などではないことが明らかだ。この形をウ冠＋ロ＋ロとみて、仮に「ウロロ形」と呼ぶことにすれば、この「ウロロ形」は江守賢治『楷行草総覧』（一九八一年、日本放送出版協会）が「宮」の楷書として掲げている形と一致する。つまりこれは典型的な楷書体の形であったと思われる。次に採りあげるので、ここではごく簡略にふれるが、平城宮跡から出土した木簡にもこの「ウロロ形」の「宮」が書かれている。例えば、『日本古代木簡選』（一九九〇年、岩波書店）が二三一の番号を与えている「大神宮」と書かれている木簡は、はっきりとこの「ウロロ形」の「宮」字を書いている。木簡に使われている字を集めた、奈良文化財研究所編『日本古代木簡字典』（二〇〇八年、八木書店）によって「宮」字を調べると、「ウロロ形」ではない形の「宮」もあるが、「ウロロ形」が少なからず使われていたことがわかる。文字の形は「何によって何に書くか」ということによって影響を受けることがある。筆で紙に書く、鑿《のみ》を使って金属に刻む、何らかの道具によって石に刻む、というような、書く道具、書かれる素材についての目配りも必要になる。しかし、そうしたことを超えて共通して観察される形があれば、それは「概念」にちかいともいえよう。

『康熙字典』は日本の漢字辞書に影響を与えた。日本の漢字辞書は、日本における、漢字をめぐる言語生活に影響を与える。『康熙字典』が完成したのは、先に述べたように一七一六年であるので、それを起点にしたとしても、そこから現在まで三百年ほどである。それのみを「歴史」と考え、かつ、「康熙字典体」＝旧字体→「当用漢字表」「常用漢字表」＝新字体という、正確とはいえない上に相当に粗い「みかた」が広通していないだろうか。漢字字体については、それを論じる枠組みもまだしっかりとしていないと思われるし、「事実」の掘り起こしも十分ではないと感じる。そういうことを徐々にであったとしても、きちんとおさえていくことは必要であろう。「漢字はすごい！」と思ったり、感じたりすることはもちろんそれでいいが、筆者などは「すごい」ってどういうこと？　と思うし、ただ「すごい」ということにどれほどの意義があるのだろうかと思わないでもない。

あるいは釈迦三尊像光背銘の十二行目の九字目に「紹」字、薬師如来像光背銘の二行目五字目に「召」字、三行目の十七字目に「詔」字がある。これらに共通する漢字構成要素「召」はいずれも「刀」ではなく、片仮名の「ソ」にちかいような形状の「㕣」、今仮に「ソ召《しょう》」と呼ぶことにするが、その形で刻まれている。『楷行草総覧』においては、「沼」

「昭」字の楷書に、「召」が「ソ召」になった形を掲げている。「紹」「詔」字では行書の中に「ソ召」になった形が掲げられている。『大漢和辞典』巻二は『干禄字書』の記事を伴って、この「㕣」（ソ召）を「召（2-3241）の俗字」と記している。図5は日本の、しかも江戸時代に出版された『干禄字書』であるが、たしかにそのような記事がある。

『干禄字書』は唐の顔元孫（?—七一四）が著わした漢字の字体についての書物であるが、漢字字体を「通体」「俗体」「正体」に分けて示している。その「判断」が顔元孫一人のものであるということは考えにくいが、まずは唐という中国の一つの王朝における「判断」、つまりそういう時空の限定のもとの「判断」とみておく必要がある。『干禄字書』をいわゆる「異体字字典」とみなし、異体字といえば、『干禄字書』にこう記されている、という風潮がないではない。もちろん「こう記されている」ということ自体は（事実に誤認がない限りは）認められるが、日本のあらゆる時期において、『干禄字書』が字体の基準であったことが証明されているわけでもなく、冷静な「判断」が必要であろう。

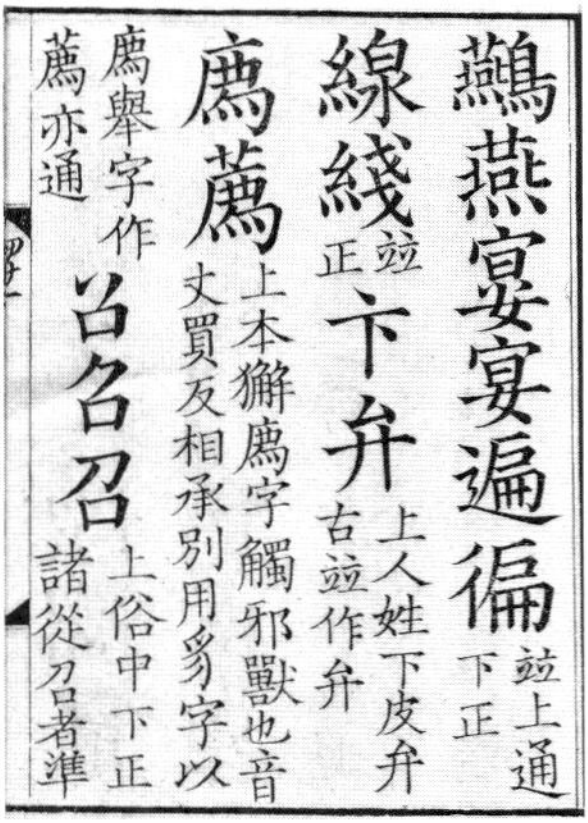
鷰燕宴宴遍偏　並上通下正
線綫並正　卞弁　上人姓下皮弁古並作弁
廌薦　上本獬廌字觸邪獸也音丈買反相承別用豸字以廌舉字作薦亦通
㕣名召　上俗中下正諸從召者準

図5　『干禄字書』

あるいは「常用漢字表」は「者」を掲げ、丸括弧内に「者」を掲げている。点があるかないかで、「康熙字典体」かそうでないかが分かれる。しかし、二つの銘文で使われているのは、「者」で、康熙字典体の「者」ではない。

## 地下から発見される漢字――木簡に書かれた漢字

日本において、木片に文字を書いたものをひろく「木簡」と呼んでいる。伝達用の文書や記録用の帳簿類やメモなど、広義の文書を記した「文書木簡」と、物品を輸送するにあたって、つけた荷札や、物品の整理のための付札《つけふだ》などの「付札木簡」とに大きく分かれる。その他、「習書」（＝文字の練習）に使われたものもある。中国においては、紙が発明されると木簡（中国の場合は竹簡）は使われなくなったと考えられているが、日本では紙と木簡とが併用されていた。また古代の中国諸王朝の他に、高句麗・百済・新羅などの朝鮮諸国でも使われていたことがわかっており、日本の木簡はそれらの影響を受けていると考えられている。中国の文物は、遣隋使、遣唐使などによって直接摂取する場合と、朝鮮半島を経由して、いわば間接的に摂取される場合とが（少なくとも）あり、そうした「経路」についての目配りも大事だ。

藤原宮の北面外壕から「庚子年四月［若佐国小丹生評／木ツ里秦人申二斗］」（以下、

［ ］は二行割書きになっていることを示し、／は改行位置）と書かれた木簡が出土している。『日本古代木簡選』が四二の番号を与えている木簡である。このように年紀が記されている木簡がある。藤原宮が使われていたのは、持統八（六九四）年から和銅三（七一〇）年までの十六年間であるので、右の「庚子年」はその期間内の「庚子年」であることになるが、それは西暦七〇〇年にあたる。ちなみにいえば、建設は天武五（六七四）年の新城建設計画まで遡る。この建設計画はいったん中断されるが、天武十一年に再開され、天武十三年には「宮室の地」が決定され、藤原宮の造営が本格化したことが指摘されている。また、藤原宮跡の下層からは、造営時の運河の跡が見つかっており、そこから「壬午年」（天武十一年）、「癸未年」（同十二年）、「甲申年」（同十三年）と記された木簡も出土している。

　このように、木簡の場合は、出土した場所などから、正確にそれが作成された年紀をつきとめることができる場合が少なくない。そうした「具体性」は考察や分析を精密にする。曖昧な「情報」に基づいた考察や分析はそもそも妥当でない場合があるが、精密な考察や分析はできない。

　先の木簡の「若佐国」は「若狭国」、「小丹生評木ツ里」は後の遠敷《おにゅう》郡木津郷（現福井県大飯郡）にあたることが指摘されている。「評」は大宝律令以前に使われていた用語で、大宝律令以後は「郡」が使われるようになったことがわかっている。「オニュウ」と発音する地名を、木簡は「小丹生」と漢字三字で書いているが、『続日本紀』の和銅六（七一三）年五月二日の条にみられる、いわゆる「『風土記』撰進の命」の直前に記されている「畿内七道諸国郡郷名、着好字」によって、「遠敷」と漢字二字で書かれるようになった。この「好字」はそのまま受けとめれば、「好い字義をもつ漢字」と考えたくなるが、そういうことであるかどうか、疑問がないではない。右の例でいえば、「遠」「敷」は「好い字義をもつ漢字」であるのだろうか。例えば『出雲風土記』をよむと、飯石《いいし》郡の「三刀屋（みとや）」が「三屋」に変えられたことがわかる。「三屋」はもともとの書きかた「三刀屋」に含まれており、漢字の選択は変わっていないことになる。変わったのは文字数が三から二になったということだ。あるいは出雲郡の「志刀沼（しつぬ）」は「漆沼」と変えられている。「志」の方が「好い字義」のようにみえなくもない。

さて、ここまで「日本語と漢字との出会い」について簡潔に述べてきた。考えておかなければならないことは多いが、まだまだはっきりとわかっていないことも少なくない。また、分析材料はあると思われるが、分析、考察が十分に着手されていないこともありそうで、今後この時期についてはさらに掘り下げられていくことが期待される。本章では、漢字で日本語の文章を書く、というところまで述べた。次章では、そのことをさらに考えていきたい。

# 第二章　漢字で日本語を書く

第一章では、日本語が漢字と出会い、漢字によって日本語を書くことにちかづいていく過程について述べた。章の終わりでは、法隆寺金堂釈迦三尊像光背銘、法隆寺薬師如来像光背銘を紹介した。ここではまず群馬県高崎市山名町にある「山ノ上碑」を紹介したい。

## 上野国山ノ上碑

図6は山ノ上碑の拓本である。翻字を示す。

辛巳歳集月三日記
佐野三家定賜健守命孫黒売刀自此
新川臣児斯多々弥足尼孫大児臣娶生児

長利僧母為記定文也　放光寺
僧

図6　山ノ上碑の拓本

漢字五十三字が四行に分けて書かれている。「辛巳《しんし》の歳《とし》、集（十）月三日記す。佐野の三家《みやけ》と定め賜える建守命の孫、黒売刀自《くろめのとじ》、この新川臣《にいかわのおみ》が児《こ》、したたみのすくねの孫《うまご》、大児臣《おおこのおみ》に娶《みあい》して生める児、長利僧、母の為に記し定める文《ふみ》ぞ　放光寺僧」と「よまれて」いる。「辛巳」は天武十（六八一）年と考えられている。この碑文には、漢文式の書きかたがみられず、文章全体が日本語の語順そのままに漢字化されている。

碑文には画数があまり多くない漢字が使われている。「ノ」「ミ」「コ」を表わしていると思われる「野」「三」「児」は『万葉集』においても、訓仮名として使われている。この碑文がつくられた七世紀末から『万葉集』が編纂された八世紀にかけての頃には、和語「ノ（野）」「ミ（三）」「コ（児）」と漢字「野」「三」「児」とは結びついていたことが推測される。そうした、和語と漢字との結びつきが進行しつつあったことを碑文は示唆している。また、二音節以上の和語「サダメ」「タマフ」「クロ」「オホ〜」「ハハ」「タメ」に、それぞれ「定」「賜」「黒」「大」「母」「為」があてられているが、このような使いかたは次に採りあげる『古事記』にもみられる。碑文が碑に刻まれている「辛巳歳」につくられ、その「辛巳歳」が推測どおりに西暦六八一年であったとすれば、その頃には、こうした書きかたが行なわれていたことになる。

「大児臣娶生児」の箇所が、右の「よみ」どおり、「大児臣《おおこのおみ》に娶《みあい》して生《う》める児《こ》」を書いたものであったとすれば、「大児臣」と動詞「娶」とを結びつける助詞「ニ」が文字化されていないことになる。日本語の助詞、助動詞は中国語と対応がつけにくい言語要素であり、それをどのように漢字化するか（あるいはしないですますか）ということはいわば「課題」であったといえよう。ここでは漢字化しなかったことになる。

## 太安万侶は『古事記』を四苦八苦して書いたのか？

現在残されている『古事記』のテキストは上中下三巻から成っており、上巻のはじめに「序」が添えられている。「序」の末尾には「和銅五年正月廿八日　正五位上勳五等太朝臣安萬侶」と記されており、この年紀に従えば、『古事記』は和銅五（七一二）年の正月二十八日に献上されたことになる。

「序」をよむと、壬申の乱を経て即位した天武天皇が、家々に伝わる「帝紀」（各天皇の記録）「本辞」（神話や伝説）が「正実」と異なり、「虚偽」を加えるようになっている。今、それを改めないと、幾年も経たないうちにその旨趣が滅びてしまうだろう。「帝紀」と「本辞」は「邦家の経緯」（国家行政の根本組織）であり、「王化の鴻基」（天皇徳化の基本）であるから、偽りを削り、実を定めて後の世に伝えることを目的として、稗田阿礼《ひえだのあれ》に「帝皇日継」（帝紀）と「先代旧辞」（本辞）とを誦《よ》み習わせた。そして元明天皇の勅命を受けた太安万侶《おおのやすまろ》が、阿礼の誦むところに従って、文字化し献上したのが『古事記』であった。

　太安万侶の序文には「上古之時、言意並朴、敷文構句、於字即難。已因訓述者、詞不逮心。全以音連者、事趣更長。是以今、或一句之中、交用音訓、或一事之内、全以訓録」（上古の時、言意（ことばこころ）並びに朴（すなお）にして、文を敷き句を構ふること、字におきて即ち難（かた）し。已（すで）に訓に因（よ）りて述べたるは、詞、心に逮（およ）ばず、全く音を以ちて連ねたるは、事の趣き更に長し。是（ここ）を以ちて今、或（ある）は一句の中に、音訓を交え用い、或は一事の内に、全く訓を以ちて録（しる）しぬ）とあって、漢字を使って日本語文を書くことについて記されている。

「序」の中でもよく知られている行《くだ》りといってよいかもしれない。これまでにも、さまざまによみ解かれてきているが、今ここでは要点だけ述べておくことにしたい。まず、右の「序」には「訓」「音」という語が使われている。「交用音訓」（音訓を交え用い）という表現もみられるところから、右の「音」「訓」と現代日本語で使っている「オン〈音〉」「クン〈訓〉」とを自然に重ね合わせてしまうことがあるかもしれない。しかし、ここでの「訓」は、漢字の「オンヨミ」「クンヨミ」の「クン」のことではなく、〈漢字の解説、釈義〉のことである。言い換えれば、中国語を書くための文字としての漢字の、その本来的な漢字字義が「訓」である。

そのことをふまえた上で、対句の形式で表現されている「已因訓述者、詞不逮心」「全以音連者、事趣更長」について考えることにしたい。今、「已」と「全」とが字義においてて対をなしているかどうか、つまり両字ともに「すっかり」という字義をもっているかどうかについては措くことにする。

わかりやすく言い換えれば、訓で述べていく方法を採ると、詞が心を十分に表わすことができず、音を連ねていく方法を採ると、全体の内容がますます長くなってしまう、ということを述べようとしていると思われる。『古事記』の「序」が四六駢儷文を襲っていることは早くから指摘されていたが、漢字を使って文章を書き、できあがりを中国語の文章に仕立てるのであれば、いうまでもなく、そこには表現の彩《あや》＝文彩《ぶんさい》が必須なのであり、その文彩が（いわば形式として）書きことばの「論理」を支えているとみるべきであろう。論理的な文章をまず書いて、それに文彩を施すということではなく、両者はそもそも一具のものとみる必要がある。そうであれば、日本語の文章を書く、ということであったとしても、漢字を使って文字化する以上、「どう書いてもいいのだ」ということになるはずもない。結局、安万侶は「或一句之中、交用音訓、或一事之内、全以訓録」という書きかたを選択した。「全以訓録」に対するのは「全以音録」であるが、それは採らず、場合によって「交用音訓」ということは、全体としては「訓」寄りに書くということの表明である。それはやはり、漢字を使う以上、自然な選択にみえる。『古事記』の文字化をまかされた太安万侶のリテラシーが高いことはいうまでもないが、右のようなことがいわば自覚されているという点には注目しておきたい。

そしてまた、「「訓」寄りに書く」ということを原理として選択したということは、同時に、誰がよんでもこうとしかよめない、という唯一のよみを目指さないということであったはずだ。後に述べるように、『古事記』においてはかなり整理されたかたちで漢字が使用されていることが従来から指摘されている。それはそのとおりであるが、しかし、だからといって、Aという漢字はXという和語を書く時にしか使わないというところまで「整理」は至っていない。もしもそうなっているのであれば、「唯一のよみ」に限りなくちかいものを導くことができる。しかし、Aという漢字をXという和語を書く時にも、Yという和語を書く時にも使うということになれば、「よみ手」は、ここではこのAという漢字は和語Xを書いているのか、和語Yを書いているのかを「判断」しなければならない。さらにいえば、Aという漢字があてられるのが和語X、和語Y二つに限られていてもそうなわけで、そもそも漢字Aが『古事記』全体で幾つの和語に使われているかということが「よみ手」にあらかじめ示されているわけではない。和語と漢字との結びつきが相当程度にあり、かつある程度の整理があって『古事記』が文字化されていることは確かなことであろうが、それにも「限度」があると思っておく必要がある。

右のことを少し具体的に述べてみよう。「期」という漢字を例にしてみよう。『古事記』全体では「期」が七回使われている。次にごく簡略に使われている箇所を示す。

1　潜龍体元、洊雷応期。（潜龍《かずけるたつ》元《のり》を体し、洊雷《しきれるいかずち》期《とき》に応じき）　上巻

2　如此之期、乃詔、汝者自右廻逢、我者自左廻逢。約竟廻時［…］（如此期《ちぎ》りて、乃《の》ち、「汝は右より廻り逢へ、我は左より廻り逢はむ」と詔《の》りたまひ、約《ち》ぎり竟《お》へて廻る時）　上巻

3　故、其八上比売者、如先期美刀阿多波志都。（故、其の八上比売《やかみひめ》は、先の期《ちぎり》の如く美刀阿多波志都。）　上巻

4　故、如期一日之内送奉也（故、期《ちぎ》りしが如、一日の内に送り奉りき）　上巻

5　自今者行廻而、背負日撃期而（背に日を負ひて撃たむ、と期《ちぎ》りたまひて）　中巻
6　期定而幸于東国（期《ちぎ》り定めて東の国に幸でまして）　中巻
7　入坐先日所期美夜受比売之許（先の日に期《ちぎ》りたまひし美夜受比売《みやずひめ》の許に入り坐しき）　中巻

丸括弧の中には現在の訓みを入れたが、これも一定というわけでもない。右の訓みに従えば、2・4・5・6・7は「チギル」という動詞を、3は「チギリ」という名詞を書いたものということになる。1の漢語「潜龍」・「洊雷」はともに、天子としての徳が備わっているのにまだ位についていない時のことを表現しており、「応期」は時期に応じるということだ。この「期」は漢語として使われている。動詞、名詞といった品詞の別は考えないことにすれば、1以外の「期」は「チギル／チギリ」という和語に共通してあてられている。この点において「整理」されているとみることはできる。例えば「契」字なども和語「チギル／チギリ」にあてることができそうだ。

2の「約竟廻時」が「チギリヲヘテメグルトキ」という日本語を書いたものだとすれば、ここでは「チギリ」に「約」があてられていることになる。「如此之期」が「カクチギリテ」という日本語を書いたものだとすれば、まずは「チギリ」に「期」字を使い、隣接箇

所では「約」字を使ったことになる。統一／不統一という観点からいえば、不統一ということになる。しかし隣接しているから、逆にわざわざ漢字を変えたのではないか、という「みかた」があるかもしれない。そうかもしれない。しかし、だから例外なのだという、「例外条項」をつくって「原則」を説明することは、周到なようでもある一方、「例外」があるのなら、「原則」は弱い、とみることもでき、このあたりの「判断」は難しい。ここでは、ひとまず「整理」はされていることを認め、しかしその「整理」には「例外」があるかもしれない、という程度に「ことがら」をおさえておくことにしよう。

「序」が四六騈儷文で書かれている以上、「序」中の「訓」は中国語としてのそれ、と理解するのが筋であるが、「序」ではない箇所にも「訓」という表現がみられる。例えば、上巻に「天之常立神［訓常云登許／訓立云多知］」とある。これは「天之常立神」という神の名前の「常」の字は「登許（トコ）」と訓《よ》み、「立」の字は「多知（タチ）」と訓む、という注記である。「訓」字を「訓み／訓む」とよみ下したが、「訓」の発音はやはり「クン」であることはいうまでもなく、こちらの「クン（訓）」は「クンヨミ」の「クン」とみるほかない。先の「訓」を仮に「中国語（的）訓」と呼ぶならば、こちらの「訓」は「日本語的訓＝和訓」ということになる。つまり『古事記』には二種類の「訓」が存在する。そしてそれが、八世紀の「状況」であった。

「和訓」を定義すれば、「漢字と結びつきを形成した和語」とでもいえよう。結びつきを形成するのは、漢字字義と和語語義との重なり合いである。そして結びつきを形成するのだから、それには時間がかかる。日本語は漢字との接触、交渉の実績の中で、和語と漢字との結びつきを形成していった。八世紀にはある程度の結びつきが形成されていたと思われる。

また「宇摩志阿斯訶備比古遅神〔此神名／以音〕」ともある。ここでは「以音」（音を以て）とある。この「音」は中国語を母語（あるいはそれにちかいもの）とする人物であれば、中国語としての発音ということになり、そうでない人物、例えば日本語を母語とする人物であれば、日本語としての発音ということになる。「日本語としての発音」は「オンヨミ」の「オン（音）」と変わらないといってもよい。しかしまた、中国語としての発音と「オンヨミ」の「オン」とが著しく異なるということでもない、とみるのであれば、この「音」は漠然と、漢字の発音と考えておいて差し支えないことになる。

いずれにしても、太安万侶が「序」で述べているように、全体をみわたせば、『古事記』は、漢字を表意的に使って書くことをいわば「デフォルト」としながら、場合によっては「音」を「交用」して書かれていることになる。活字化されたテキストで『古事記』をよむ場合、漢字で書かれた部分に句読点が施されていることが一般的である。それゆえ、気づきにくいかもしれないが、『古事記』が文字化された時点では、句読点は使われていなかったはずであるし、現存最古のテキストである真福寺本にも句読点はみられない。図7は真福寺本である。

漢字を表音的に使った場合、ここからここまでは表音的に使った、という注記のようなものがあるとわかりやすい。むしろそうでないとわかりにくい。その注記が細字割書きで加えられている。これによって、（いくらかは）よみにくさが回避されている。

次に、文章がどのように書かれているかをみてみよう。句読点を加えたかたちで示す。

次国稚如浮脂而、久羅下那州多陀用弊流之時［流字以上十／字以音］、如葦牙因萌騰之物而成神名、宇摩志阿斯訶備比古遅神［此神名／以音］。

現在では、「次に国稚《わか》く浮きし脂の如くして、くらげなすただよへる時［流の字以上の十字は／音を以《もち》ゐよ］、葦牙《あしかび》の如く萌え騰《あが》る物に因《よ》りて成れる神の名は、うましあしかびひこぢの神。［此の神の名は／音を以《もち》ゐよ］」と訓まれている。

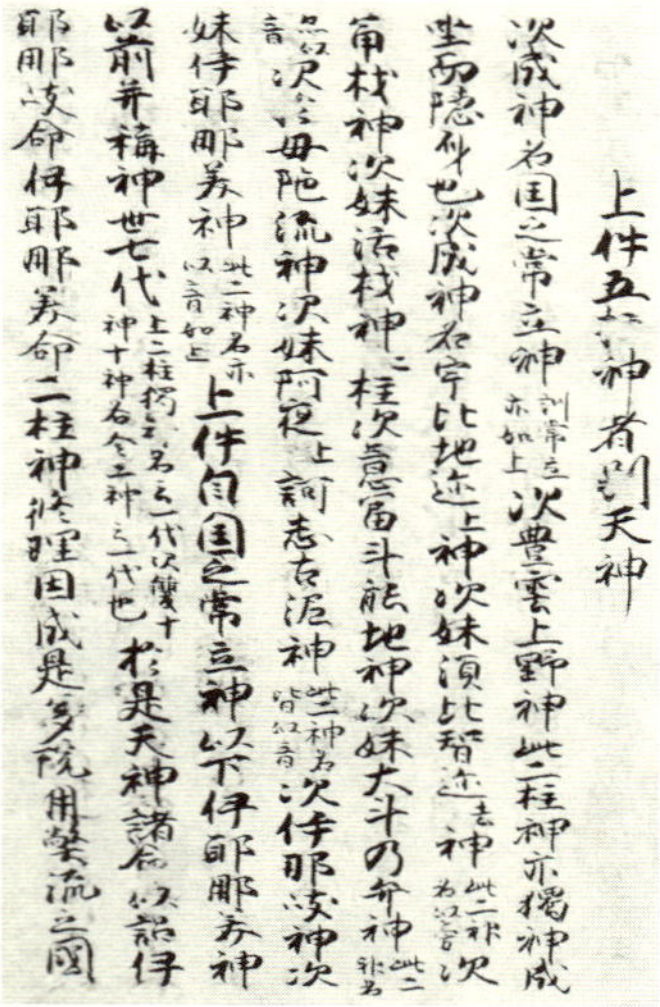

図7　真福寺本『古事記』

## 『古事記』はよめるか？

「古事記はよめるか」は碩学《せきがく》亀井孝が昭和三十二（一九五七）年に発表した論文のタイトルである。発表されたのは、筆者が生まれる一年前、発表からすでに六十年ちかく経つが、いまだに参照され、検討されることがある論文である。そんな論文のタイトルを借りることはおそれおおいが、この問いは問いとしてわかりやすい。そして亀井孝の「答え」は「完全なかたちではヨメない。しかし、訓で書いてあるからには、よめる。すなはち、ヨメなくてもよめる」であった。平仮名の「よめる」は意味が（だいたいにしても）わかる、ということ、片仮名の「ヨメない」は具体的な日本語に結びつけることができないという意味合いである。図7・8は『国宝真福寺本古事記』（一九七八年、桜楓社）から引用させていただいた。

例えば図7の二行目末尾「此二柱神亦獨神成坐而隠身也」の行りを本居宣長はその著

『古事記伝』において「コノフタバシラノカミモヒトリガミナリマシテミミヲカクシタマヒキ」と訓《よ》んだ。しかしそれは、いえば宣長の訓みなのであって、太安万侶が書こうとした日本語文はそうではなかったかもしれない。しかし、宣長が訓みをつけることができたということは、そういう意味の文を書こうとしていたということがつかめるという点において「よめ」ている。しかし、日本語への「復元」が一字一句太安万侶の意図どおりということが考えにくいという点においては「ヨメ」ていない。そして、そういう意味合いで「ヨメ」ることはそもそも意図していなかった、というのが亀井孝の主張である。

筆者は木簡学会の学会員である。大学の授業で木簡学会という学会があるという話をすると、学生が少し笑う。そういう学会があるということが意外なのだろう。その木簡学会は、だいたい十二月に学会が開かれ、その年に出土した木簡の多くが学会の会場となる奈良文化財研究所に展示される。はじめて実際に木簡を見た時には、嬉しかった。木簡は完全な形で残っているものは少なく、折れていたり、削り屑であったりすることが多い。したがって、書かれている文字がすべてわかっている場合が少ない。すべてわかっていない場合は特にそうであるが、残されている文字から、どういう文が書かれていたかを正確につきとめることが難しい。あるいは三字ぐらいが残っている削り屑の場合、「きっとこういうことが書かれていたのだろう」とか「おおよそこんな文意のことが書かれていたのだろう」ということになる。先の表現を使えば、「ヨメない」木簡がかなりある。しかしだいたいは「よめ」ている。これと同じようなことと考えればよい。木簡の多くはメモのようなものであるから、メモと『古事記』とを同列で論じることはできない。メモに文章としての「完成度」は必要がないし、もともとそれは求められていないはずだ。

ここで大事なのは、文字化されている以上、それは具体的な文（章）に戻せるはずだ、という現代人の感覚、「心性」がいついかなる時にも通用するとは限らない、ということだ。「書いてある以上よめるはず」の「よめる」がどういう「よめる」か、ということだ。

これは『古事記』が正格な漢文で書かれていないということではない。英語で書かれた文学作品を日本語に翻訳する場合、翻訳された日本語文は誰が翻訳しても同じ、ということにはならない。しかし意味は変わらないはずだ。誰が翻訳しても同じ日本語文になるのであれば、それは「ヨメ」ているということだ。「よめる」けれども「ヨメ」ないということがひろく自覚されるようになり、その一方で、漢字を表音的に使えば、「ヨメ」るとということもわかっていた。『古事記』には歌謡が収められているが、歌謡は表音的に書かれており、したがって、「ヨメ」る。こうなると、日本語の文章として「ヨメ」るように書くということが次の「課題」になることは必然であったかもしれない。しかしそれは漢字によってクリアできる「課題」ではなかった。いや、漢字の表音的使用によって、クリアできなくはないが、ある程度の字画を備えている漢字を表音的に使って、日本語の文章を書くことは、それが短い文章であれば可能かもしれないが、例えば、『古事記』のような長さをもったテキストでは、「事趣更長《ことのおもむきさらにながし》」ということになる。となれば、漢字の字画を簡略にすることがすぐにみえてきた可能性があるのではないか。

『古事記』の歌謡がどのように書かれているかをみておこう。素戔嗚尊が出雲の須賀に宮をつくった時によんだ歌である。現在の訓みを左に添えておく。

夜久毛多都　伊豆毛夜幣賀岐　都麻碁微介　夜幣賀岐都久流　曾能夜幣賀岐袁
八雲立つ　出雲八重垣　妻籠《ご》みに　八重垣作る　その八重垣を

図8は真福寺本の該当箇所である。六行目の途中から歌が始まっている。歌は「本文」に続けて書かれており、別行に二字下げなどをして、歌であることがわかりやすいように書かれているわけではないことに注目したい。現在であれば、「別行に二字下げ」といったようなレイアウト上の工夫をするであろうが、そうはなっていない。この箇所が歌であることは直前に「其歌曰」とあることによってわかるということだろうし、何よりこの箇所を漢文としてよむことができない、ということによってわかるのだろう。

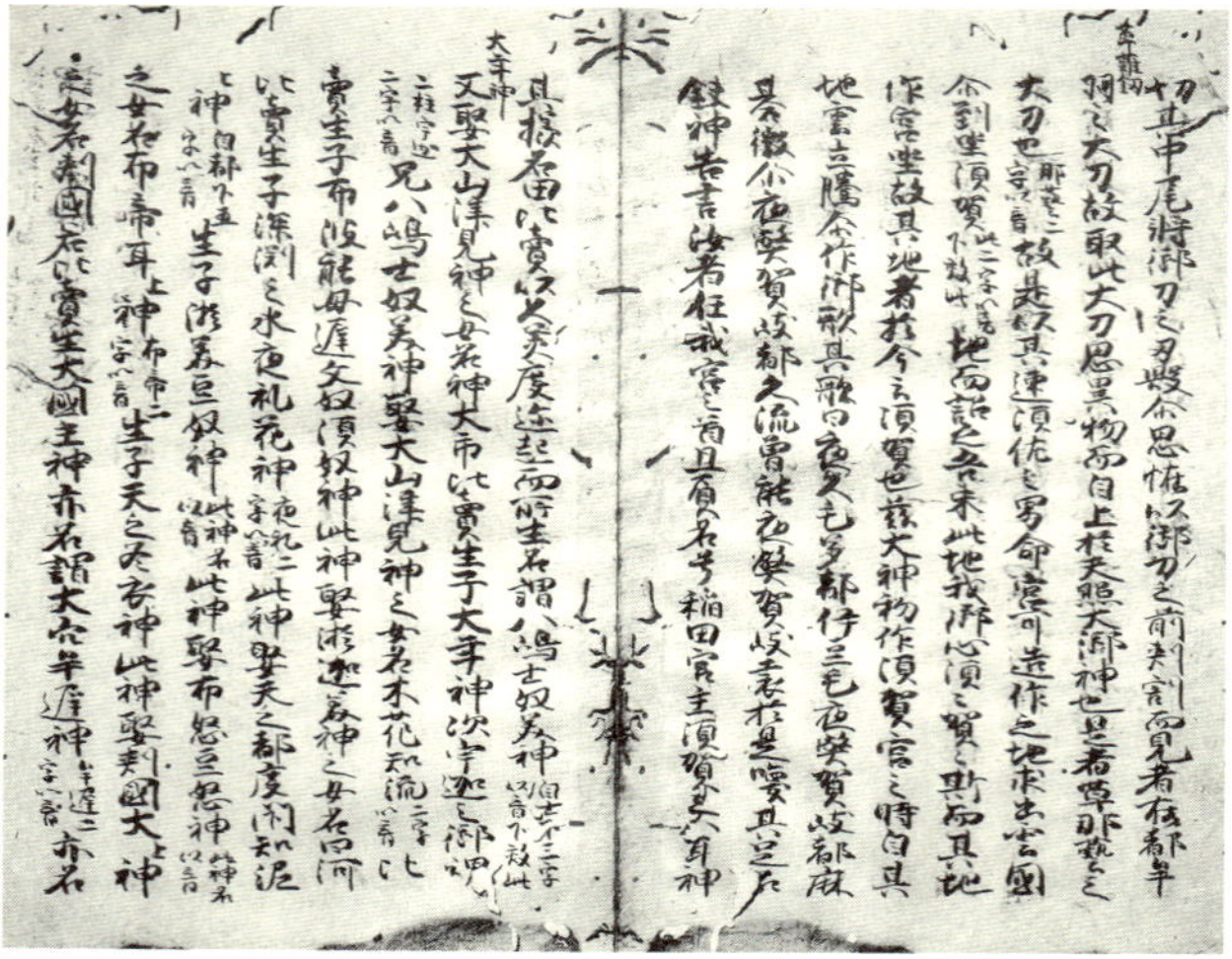

図8　真福寺本の「八雲立つ」歌の前後

ある漢字の連続が漢文としてよむことができない、ということは（当然のことであるが）漢文がすらすらよめて初めてわかるはずで、その「すらすらよめて」の「すらすら度合い」は時代が異なるとわかりにくくなるだろう。太安万侶の「すらすら」と現代人の「すらすら」とは相当に異なるだろうということはわかったとしても、具体的にはつかみにくい。したがって、歌が「本文」に続けて書かれている、というと現代人は、「よみにくいのではないか」と思う。もちろんレイアウト上の工夫がされていた方がよみやすいだろうが、それがされていないと「よみにくい」ということになるかどうか。

そもそも「よみにくい」というのはどういうことか。筆者の「思い」はそういうところまで走り回る。

ここまでは、「古事記はよめるか」という方向で述べてきた。すなわち「漢字で書かれたものをどうよむか」という「よみ手」の観点だ。「漢字で書かれたもの」は最初からあるわけではない。そこには漢字で書いた人が（特定できないにしても）必ず存在する。『古事記』の場合はそれが特定でき、太安万侶だ。太安万侶は日本語を漢字でどうやって書けばいいかということを考えた。これは「書き手」の観点だ。「文字化されたもの」を真ん中に置けば、その両側に「書き手」と「よみ手」とがいる。「書き手」はだいたいにおいて一人であろうが、「よみ手」は一人の場合もあれば、不特定多数の場合もある。古代について考える場合には、この「書き手」「よみ手」をどう考えればよいかが難しい。現代と比べれば「書き手」すなわち漢字を使って日本語を書くことができる人の数は相当少ないことが容易に推測できる。同様に「よみ手」の数もあまり多くはなかったであろう。文字を使って言語生活を営む社会を「文字社会」と呼ぶことにすれば、その「文字社会」が限定されていただろう。現代は「文字社会」がかなりのひろがりをもっている。

筆者などは、太安万侶が、自身が文字化した『古事記』をどのくらいの人が「よむ」と意識していたのだろうか、と思ってしまう。もちろん撰進されているのだから、原理的には天皇が「よむ」わけだが、天皇が実際に「よむ」かどうか。では天皇以外の誰が「よむ」のか。「書き手はよみ手のことを配慮しながら書くはずだ」という言説がある。それは「書き手」と「よみ手」とのリテラシーに差がある場合であって、差がほとんどなければ、「書き手」がわかるのだったら、「よみ手」もわかる、ことになる。そうであれば、「よみ手」のことをことさらに配慮する必要はなくなる。「文字社会」が限定されている場合はそうなのではないだろうか。

さて、それはそれとして、先に述べたように太安万侶は、「序」において、『古事記』は「訓」を基調としながら、「音訓」を交用して書く、といわば宣言をした。つまり「音訓」交用は『古事記』文字化の基本方針であった。とすれば、先に述べたように、どの漢字が「音」として使われているか、すなわちどの漢字が表音的に使われているか、をわかりやすくしておく必要があった。もっとも直接的な「手当て」としては、ここからここまでは「音」で訓《よ》む、ということをメタ言語で注記してしまうことで、そうした「以音注」の注記箇所が三百六（上巻百九十一、中巻百二、下巻十三）みられることが指摘されている。その他にもさまざまな「工夫」がなされていることがこれまでの研究でわかってきている。そうしたこれまでの研究の成果をふまえながら、以下は述べていくことにしよう。

今ここでは、漢字を表意的に使う場合を「表意的使用」、字義を離れて表音的に使う場合を「表音的使用」と呼んで、両者を区別する。「区別」とはいっても、折衷《せっちゅう》的な場合があることもわかっているが、ひとまずはそのように呼ぶことにする。

そうすると、漢字を「表意的使用」しているか、「表音的使用」しているかをわかりやすくすることが必要になる。先には、漢文がすらすらよめれば、それはわかるはずだ、と述べたが、ここではそれをいっそう鮮明にするための「工夫」というみかたをしてみよう。もっとも効果がありそうな「工夫」は「表意的使用」する漢字は「表音的使用」しない、ということだ。それがリスト化されていれば、もっとも確かであるが、ちゃんとそれが行なわれていれば、よんでいけばわかるだろう。

例えば、「美」は『古事記』全体で三百四十三例使用されていると思われるが、「表意的使用」はそのうちの十六例（五パーセント）で、ほとんどが（とみてよいと思われるが）「表音的使用」されている。「表意的使用」されている十六例のうちわけは、「美人」が九例、「麗美」が五例、「美麗」が二例でこれ以外はない。「美人」は、例えば和語「ヲトメ」を書いたものと思われる。神武天皇の皇后選定の行りを例にしてみよう。

故、坐日向時、娶阿多之小椅君妹、名阿比良比売〔自阿以下／五字以音〕生子、多藝志美美命、次岐須美美命、二柱坐也。然更求為大后之美人時、大久米命曰、此間有媛女。是謂神御子。其所以謂神御子者、三嶋湟咋之女、名勢夜陀多良比売、其容姿麗美。

故、日向《ひむか》に坐《いま》しし時、阿多《あた》の小椅君《をばしのきみ》の妹、名は阿比良比売《あひらひめ》「阿より以下の／五字は音を以ゐよ」を娶《みあい》して生める子は、多藝志美美命《たぎしみみのみこと》、次に岐須美美命《きすみみのみこと》、二柱坐しき。然れども更に大后と為《せ》む美人《をとめ》を求めたまひし時、大久米命《おおくめのみこと》曰しけらく、「此間に媛女《をとめ》有り。是を神の御子と謂ふ。其の神の御子と謂ふ所以は、三嶋溝咋《みしまのみぞくい》の女、名は勢夜陀多良比売《せやだたらひめ》、其の容姿《かたち》麗美《うるは》しかりき。

右の行りでは、「美」字が六回使われている。「多藝志美美命」「岐須美美命」は人名であるので、現代人の目にどのように映り、現代人の「心性」にどのように訴えかけたとしても、まずはこれは「表音的用法」とみるのが筋だ。つまりここでの「美」字は表意していないとみる。「美人」「麗美」という漢字列がどのような日本語を書こうとして選択されたか。それは究極的にはわからないわけであるが、「わからない」とばかりもいっていられない。そこで「ヲトメ」という和語を書いたのではないか、とか「ウルハシ」という和語を書いたのではないか、と推測することになる。それがいわば「訓み」だ。各時代に『古事記』を日本語の文章としてよもうとした人々が、それぞれの「訓み」を模索した。

本居宣長は『古事記伝』にその模索の跡を残し、現代の研究者の「訓み」はそれぞれの責任のもとに公表されている。

「ビジン（美人）」という漢語は現代でも使っているが、中国において〈容貌が美麗な女性、美女〉という語義で『史記』の時代から使われている語であった。「ビレイ（美麗）」は『漢書』『後漢書』で使われており、「レイビ（麗美）」は『後漢書』で使われている。つまり、中国で編まれた史書に使われるような語であった。「容姿」は『後漢書』（朱馮虞鄭周列伝）に使われている。太安万侶が『古事記』を「書いた」といっても、「訓」を基調として文章を綴るということになれば、当然中国の史書は「下敷き」となる。中国の史書などで使われている漢字列を使いながら文章を綴るということが、『古事記』の場合の「文彩」ということになる。「レイビ（麗美）」と「ビレイ（美麗）」とが存在するのは、同じような字義をもつ字が並べられているからで、「同じような字義」だから（発音にこだわらなければ）どちらが先になっていてもよい、ということだ。前に「麗」字が置かれている「美」字、後ろに「麗」字が置かれている「美」字は、そのことによって、表意的に使われていることがすぐにわかる。そして「ビジン（美人）」は〈美しい人〉ということであることがすぐにわかる。だから、「美」字を表意的に使うのは、表意的に使っていることがすぐわかる、こうした場合に絞った、ということが『古事記』の「工夫」であったと推測できる。

そしてまた、これも早くから指摘されていることであるが、「表音的」に使われている漢字はかなりな程度絞られている。どういうことかといえば、日本語の「ム」という発音にあてる漢字が「牟」一つしかない、ということだ。『万葉集』では「武・務・無」他、複数の漢字が使われていることを対置させると、これを偶然とみることはできない。一つに絞られていないにしても、とにかく、全体をみわたせば、「絞られている」ということは確かなことに思われる。

右の二つの「工夫」、すなわち①「表意的使用」をする漢字と「表音的使用」をする漢字とはできるだけ重ならないようにしながら、「表音的使用」をする漢字を「表意的使用」する場合は、使いかたを限定する。②「表音的使用」をする場合は、発音との対応をできるだけ一対一にちかいものにする、を実行すれば、「音訓」を「交用」しても、著しくよみにくくなることはないと思われる。こうした「工夫」が『古事記』を背後で支えているといってよいだろう。

その「工夫」は「太安万侶の工夫」であったと考えるのが自然で、その時点では個人の「工夫」とみるのが筋であるが、しかしそういう「工夫」がとにもかくにも、できるというところまできていたことには注目しておきたい。そしてこれは日本語の文章を漢字で書くということに対しての「工夫」だった。

次に『万葉集』についてみておきたいが、『万葉集』は原則的には定型をもつ韻文であって、文章ではない。どこからどこまでが一つの文であるか、というところから気を配る必要がある散文と事情が異なる、ということが前提としてあることをまず一言述べておきたい。

## 『万葉集』の多様性

『万葉集』巻五に次のように書かれた和歌（八五〇番歌）が収められている。現在の訓みと簡略な歌意とを並べて示してみよう。歌の末尾の「モガモ」は〈〜であったらなあ〉というような願望を表わしている。

由吉能伊呂遠　有婆比弓佐家流　有米能波奈　伊麻左加利奈利　弥牟必登母我聞
ゆきのいろを　うばひてさける　うめのはな　いまさかりなり　みむひともがも
雪の色を奪うかのように白く咲いている梅の花は今が盛りだ。見る人がいたらなあ。

例えば、歌がこのように書かれていることについて「一音たりとも、表現意図と違ったふうによんでほしくない。作者ならそう思」う、「万葉仮名は、そうした場合にうってつけ」だ、という言説を目にしたとする。筆者は、そういうことがいえるだろうかと思う。まず右のように書かれている場合は、「訓み」はかなり絞られているので「一音たりとも、表現意図と違ったふうによんでほしくない」という「みかた」が成り立たなくはない。しかし、『万葉集』全体に目を配れば、すべてが右のように書かれているわけではない。よく知られている巻一、一五番歌は「渡津海乃　豊旗雲尓　伊理比沙之　今夜乃月夜　晴明己曾」と書かれている。第四句までの「訓み」は「わたつみの豊旗雲に入日さし今夜《こよひ》の月《つく》夜《よ》」でよさそうであるが、第五句「晴明己曾」は、「訓み」が定まっていない。現在は「サヤケカリコソ」ではないかという説が出されているが、筆者は「アキラケクコソ」という「訓み」を習った。この「アキラケクコソ」は賀茂真淵が『万葉考』で示した「訓み」である。「己曾」が「コソ」を書いたものであることは確実であろうから、「晴明」がどのような和語を書いたものかという推測が一定しないということである。先の「作者」が「一音たりとも、表現意図と違ったふうに読んでほしくない」という推測が成り立つのであれば、こちらの一五番歌は、「作者」はそう思っていなかったということになる。それでいいのだろうか。表音的に書かれた歌の「作者」は自身の歌を正確に読んでほしいと思っていた。表音的に書かれていない歌の「作者」はそうは思っていなかった。そんなことがあるのだろうか。『万葉集』全体を一つのテキスト、作品とみれば、すべての歌が表音的に書かれているのではないことはすぐにわかる。それをきわめて限定的にとらえて、その限定した箇所にだけあてはまる言説を述べたとしても、それは『万葉集』全体を覆う言説とはなり得ない。また「作者」というとらえかたも気になる。例えば、先の八五〇番歌は大伴旅人の作ではないかと推測されている。それを認めたとして、では、大伴旅人が先に示したような「文字化」をした、というようなことなのだろうか。歌の「作者」は自身の歌を文字化して、誰かにわたしたということなのだろうか。実はそうしたことについてははっきりとしていないのではないか。柿本人麻呂を作者としている歌は柿本人麻呂がそのように書いたと、ずっと無条件でみなされてきているふしがある。ある時期からは「文字化」が意識されていたことはいえようが、ひとまずは歌の「作者」と「筆録者」とを概念としては分ける必要があるのではないかと思う。

「万葉仮名」という表現についても一言述べておきたい。「万葉仮名」というと、「平仮名」「片仮名」の他に、そういう仮名がある、と誤解されそうであるが、そういう仮名はない。漢字を表音的に使っている場合の漢字を「万葉仮名」と呼び慣わしてきた。だから、表現が妙になってしまうが、「万葉仮名」は漢字だ。表音的に使った漢字を「万葉仮名」と呼ぶのだから、『万葉集』の時代から離れていても、「万葉仮名」は存在することになる。

例えば、九三四年頃につくられたと目されている『和名類聚抄』という辞書がある。九三四年頃なので、すでに十世紀になっており、仮名もうまれていた。そのような、仮名がすでに存在している時期にも「万葉仮名」が使われることがあった。『万葉集』で使われているような漢字の使いかた、ということから名づけられているのであろうが、そうした点においても、誤解を生じそうな名前ではある。

## 漢字から仮名へ

漢字によって日本語の文章を書くことはできる。それは、日本語の文章を古典中国語文＝漢文に「翻訳」して書くというところから始まり、『古事記』『日本書紀』は大枠としてみれば、そのような段階の中にあるとみることができる。

文章はそうであっても、歌はそうではなかったと思われる。「歌意」という表現がある。当該の歌がどのような意味か、ということであるが、その「意味」を「意味」としてまとめてしまうのではなく、語形、あるいはどのような語を綴り合わせてそうした「意味」を表現しているのか、という観点にたつと、「翻訳」では事足りないことになる。「歌意」は「相聞」だ、というまとめではなく、そうした感情をどう表現するか、ということになれば、どうしても語形を明示しなければならない。しかも、短歌であれば、五七五七七という定型に従って表現をする。その五拍七拍をどういう語でうめていくか、ということがいわば歌の「生命」であったはずで、定型の歌を文字化するという「経験」は漢字から仮名へという契機の一つになったのではないだろうか。歌が書かれた木簡が表音的表記されていることが多い、ということも、一つには「文飾」を離れれば、それがもっとも自然な書きかたであったということではないか。

また、荷札木簡の中には、表音的に書かれたものがある。中央に税として運ばれる物品は、具体的に物品が決まっていることもあれば、そうでないこともある。漢字と和語との対応が一対一になっていないさまは木簡からも窺われる。そうした時期に、表音的に書けば、和語が明示できる。つまり物品がはっきりとする、ということがあったのではないだろうか。荷札木簡に「文脈」はない。そこに書くのは物品名、つまり「語」であるという状況下で、語形明示という「方法」が採られることは自然であろう。「歌」と「荷札木簡」が漢字から仮名への鍵であったかどうかは、今後さらに慎重に検証する必要があるが、ここではそうした「みかた」を一つの「可能性」として提示しておきたい。

先に述べたように、「万葉仮名」は「表音的に使われた漢字」のことだ。このように使われた漢字の次に「仮名」が位置することは疑いがない。「万葉仮名」が「仮名」に成るためにはどのような「条件」が必要だっただろうか。真福寺本『古事記』において、歌謡が「本文」と続けて書かれているということを述べた。今（現代風に、といっておくが）「本文」と歌謡とを分けてとらえたかたちで述べているが、そもそもはそのように認識されていなかったから、続けて書かれているのであろう。しかし、今は別のことを話題にしたいので、現代風なとらえかたをしておく。歌謡は漢字を表音的に使い、「本文」では表意的に使うと、どこからどこまでが歌謡か、ということがわかりにくい。これは歌謡も「本文」も同じ漢字で書かれているからだ。同じ漢字であっても、歌謡は小さく書く、というような「手当て」をすれば、両者を区別することができる。あるいは、文字の色を変える、フォントを変えるなど、現在であったら簡単にできることもあるが、そういうことはかつてはできなかった。両者が、異なる文字（種）で書いてあれば、容易に区別することができる。異なる文字（種）といった時に、まずは視覚的に、ということであるはずなので、形が異なる、ということが大事だ。

平仮名は漢字全体を変形させたもの、片仮名は漢字の部分を採ったもの、といわれる。そのようにすることによって、漢字ではない字形を確保した。そうすることによって、漢字から離れて別の文字種となることができた。例えば、片仮名の「カ」は漢字「加」の左側である。片仮名の「カ」と漢字「力」とは単独で比べると字形が似ている。しかし、片仮名の中には「カ」しかないし、漢字の中には「力」しかない。それぞれの文字体系の中では、紛れやすいものはない。となると、漢字と片仮名とを交ぜて使う、という場合に困らないかということになる。絶対にそういうことはないとまではいえないかもしれないが、困るとすれば、ある文字を片仮名の「カ」とみればよいか、漢字の「力」とみればよいかということで、一つの文程度の言語量がある場合には、そういうことはまずないといってよいはずだ。たった一つの語を書く場合にないかどうか。「肩ロース」の「肩ロ」までを「カタグチ（肩口）」と思う可能性……そんなことを考える必要はおそらくない。

漢字の部分を採った片仮名は最初は、いかにも「部分を採りました」という字形をしていたともいえる。しかし、片仮名として使われるものが次第に絞られていくことと同時に、片仮名の中での字形の「調整」は行なわれていったと思われる。そうやって、まずは漢字から離れた平仮名、片仮名は、それぞれの文字体系内での調整を経て、独立した文字体系として整えられていったはずだ。

漢字を崩していった結果、平仮名ができた、というように表現されることがある。現在では、楷書体の「安」→行書体もしくは草書体の「安」→平仮名の「あ」を順番に書いてみせるような動画が（複数）公開されており、その動画を見ると、「ああ、こうやって平仮名ができたんだ」と納得しやすい。しかし、そのように、いわば「単線的／直線的」に平仮名がうまれたとは考えにくい。「漢字から離れること」は当然の大前提であるとして、平仮名は他の平仮名と「距離」をとり、かつ「調和」する必要があるからだ。「距離を保ち」「調和する」ことを先には「調整」と表現した。

さて、もう少し具体的に説明をしてみよう。例えば、片仮名の「ウ」は漢字「宇」のウ冠を採ったものだ。ウ冠の漢字はたくさんあるのに、なぜ「宇」とわかるかといえば、「于」という字形の片仮名の「ウ」があるからだ。これでもわかりにくいいかたかもしれない。片仮名の「ウ」が書かれていることが予想される箇所に「于」と書いてあることがあるので、「于」も片仮名の「ウ」であることがわかる、ということだ。「于」は単独でも「ウ」という発音をもっているが、「漢字の部分を採ったもの」が片仮名だから、「于」は部分でなければならない。となると「宇」から採られた、ということになる。さて、片仮名の「ウ」は十世紀から十二世紀頃までは、いかにも「宇」から採りました、という感じで、三画目は短く書かれている。しかし室町以降は三画目が長くなっていることが指摘されている。

第二章では、漢字によって日本語を書くということについて、さまざまな観点から述べてきた。「やれることはやった」といってもよいかもしれない。あるいは「機は熟した」といえばいいだろうか。やはり日本語を書くための文字が必要になった。「必要になった」と表現すると、誰が必要としたのか？　ということになりそうだが、「日本語を（漢字によって）書く」ということが「成熟」し、新たな文字をうみだすところまできた。次章では、その新たな文字＝仮名の成立について述べることにしたい。

# 第三章　仮名の発生

第三章の章題は「仮名の発生」とした。「発生」は（人為的にではなく）自然に、ということを含んだ表現である。「自然に」だから、「仮名の発生」は「誰が平仮名をつくったのか」という問いにはつながらないし、まして、その「誰」を特定の天皇や特定の人物と結びつけることなどできるはずがない。

平成二十三（二〇一一）年に、平安京右京三条一坊六町跡から出土した土器（土師器《はじき》）に、平仮名が墨書されていた。同時に「奈尔波都」と書かれた檜扇《ひおうぎ》、「奈尔皮」と書かれた木簡も出土しており、九世紀後半（八五〇―八七〇年代前後）のものと推定されている。この場所は藤原良相《よしみ》邸の跡地と推定されている。しかしだからといって、藤原良相を平仮名の発生と結びつけることができないことはいうまでもない。

「誰が平仮名をつくったのか」という問いそのものが、仮に「誰」という答えを得たとしても、それが正解であるという証明ができない問いであることはいうまでもなく、また答えの推測もできないような問いであることは明らかなことだ。いったいどういうことがわかれば、答えられるのだろうか。この問いは修辞的な問いとしてしか成り立たないのではないだろうか。

右は文字に関してのことであるが、ある語を誰がつくったか、ということが話題になることもある。しかし、それはきわめて特殊な、限定的に使われる語についてであることがほとんどである。しかも、それは言語にかかわる「情報」が比較的まんべんなく揃っている時期についてのみ話題にできると思っておく必要がある。

「ヤマ（山）」という語は誰がつくったかとか、「トリ（鳥）」という語は誰がつくったか、という問いが成り立ちそうにないことはすぐにわかるだろう。先の「誰が平仮名をつくったのか」も同様で、そもそも「仮名ができあがった時点」を西暦何年の何月何日と特定することもできないのに、「誰が」ということをどうやって特定するのか、ということになる。答えが得られなくても、問いをたてること自体に意義が認められるということもあるが、そうとも考えにくい。むしろ、誰かが人為的に平仮名をつくった、という誤った理解を導きそうである。

言語は一定の社会集団に共有されて使われる。だから言語に関して誰かが何かを決めるということはまずは考えない。この語は誰がつくったか、この漢字は誰がつくったか、はいずれの問いも何らかの条件下でなければ問い自体が有効ではないし、もちろん答えを得ることも難しい。

## 発生の場

「発生の場」というと、いかにも平仮名、片仮名が発生した現場を見てきたような印象を与えてしまうかもしれない。あまり放恣《ほうし》な空想をするのではなく、まずは誰にでも確認できるようなところから考えはじめてみよう。

奈良時代末期から平安時代初期にかけて、漢文で書かれた仏典、漢籍などを訓読するようになったと考えられている。訓読した「結果」は「訓点」として漢字の傍らに書き込まれる。ここでいう「訓点」とは返り点などの符号と、振仮名、送り仮名の総称だ。振仮名、送り仮名は、漢字と漢字との字間や行間などの限られたスペースに書き込まなければならない。そのために漢字の一部を省略して書いた。漢字とともに漢字の一部を省略した文字を使う、というのは自然なことともいえよう。片仮名と漢字とは当初から「親和性」があったと思われる。

片仮名の「発生の場」が右で述べたようにはっきりとしていることに比して、平仮名の

「発生の場」ははっきりしない面がある。どうはっきりしないのかといえば、平仮名が記されている文献で、九世紀末から十世紀頃にかけて書かれたことが確実な文献がきわめて少ない、ということがある。文献数が少ない上に、言語量も少ない。承平（九三一―九三八）頃に書かれたと推測されている「因幡国司解案紙背仮名消息」（六行と少し）、天暦五（九五一）年の「醍醐寺五重塔天井板落書」（平仮名の和歌二首＋他）などは平仮名の実物として知られている。

「因幡国司解案紙背仮名消息」は正倉院の東南院に収められている。表面には因幡国司の解文《げぶみ》の案（写し）が書かれており、そこに延喜五（九〇五）年十一月二日の年紀が記されている。その解文の案の紙背＝裏面に仮名の消息が書かれている。これが表面の解文の案が書かれたのと同時期に書かれたものであれば、十世紀の初め頃の平仮名ということになる。しかし、表面の解文がそもそも写しであるという「みかた」もあり、紙背の平仮名がいつのものか、確実にはいいにくい面がある。消息は次のように書かれている。

いとめつらしく　とはせたまへる
よろこひをなん　きこえさせ
いまはもはらたまはねはと

きうらみてなんたひゝとはか
のれいの六条になんはんへり
たまふ□□□にのせた
まへ

「いとめつらしく」と「とはせたまへる」、「よろこひをなん」と「きこえさせ」との間をあけて翻字したが、そこには少しブランクがある。そして「いとめつらしく」は続けて書かれている。続けて書くことを「連綿《れんめん》」と呼ぶが、語あるいは句をまとまりごとに連綿させ、切れ目にはブランクを入れることによって、仮名で書かれた文章はある程度よみやすくなる。右の消息が仮名発生の頃のものであるとすれば、当初からそうしたことができていたことになる。それゆえ、右の消息は十世紀初め頃のものではない、という「みかた」もできそうであるし、当初からそうした「到達」をしていた、という「みかた」もできる。なぜならば、木簡のなかに、ブランクによって、切れ目を示していると思われるものがごく少数ながら存在するからだ。つまり、ブランクによって切れ目を示すという、いわば「発想」、やりかたは早くからあったことになる。このあたりの判断も難しい。言語に関して、いついかなる時期でも起こり得ることがらはありそうで、前の時代に存在していた言語形式であるから、それが継承されたのだという「通時的なみかた」はもちろんもっとも自然なみかたであるが、前の時代に存在しなくても、つまり連続性がなくても、あり得るというみかたもできるとすれば、説明のしかたは十分に吟味しなければならない。

「六条」はもちろん「ロクジョウ」という語を書いたものだろう。和語ではない。しかし、「れいの」は「例の」を書いたものであろうから、「レイ（例）」という漢語も仮名で書いている。漢語は漢字で書くのが「常態」と推測するが、そうであっても、右のような文献においては仮名で書くことがあったということだ。「右のような文献」の「ような」はどういうことだろうか。「消息」（手紙）であるということはまず考えてよいだろう。手紙は具体的な「よみ手」に向けて書かれる。そのために「書き手」と「よみ手」とで共有されている「情報」については書く必要がない。昨日会った人に出すのであれば、「あれはどうなった？」でも通じる場合があるだろう。ということは、そもそも想定されていた「よみ手」以外の「よみ手」にはきわめてわかりにくい。時空を超えて、例えば平安時代に書かれた消息をよもうとすると、文字は判読できているのに、内容がよくつかめない、ということがしばしば起こる。これは「書きことば」ということについて重要な示唆を与える。不特定多数の人にわかるような「書きことば」は、ある程度「情報」を書き込んでおく必要がある。その「書き込み」の程度がだいたいつかめているということが、「書きことば」が成り立っている、ということだ。「消息」は「よみ手」がきわめて限定されているという点において、「私的」というような概念と結びつけることができるだろう。「ような」の一つは「私的」ということだ。

醍醐寺五重塔天井板落書には平仮名書きの和歌二首と片仮名書きの和歌、その他に幾つかのものがみられる。平仮名書きの和歌の一首は、次のように記されている。

あふことのあけぬ なからに あけぬれ
はわれこそかへれこゝろやはゆく

連綿＝続け書きがみられる箇所には傍線を施した。こうした落書であっても、連綿がみられることには注目しておきたい。連綿というと、「仮名を美しく書く」ということと結びつけられることが少なくないが、そもそも筆を使って平仮名を書くということと「一体化」していたとみるべきではないかと考える。「け」の右側には「は」が書かれていて、「あけぬ」ではなく「あはぬ」と書くつもりであったか。和歌が二行書きされているが、いわゆる上の句、下の句には一致していない。

仮名がうまれたと思われる九世紀末から十世紀初めよりも前の時期、その状況を視野に入れると、「歌」ということも「ような」にかかわっているとみることができそうだ。「前の時期、その状況」をさらに具体的にとらえれば、「時期」としては『万葉集』が成った八世紀の前の七世紀後半と、『万葉集』が成った八世紀から十世紀初めまでの間のほぼ一世紀、百年間との二つの時期に着目したい。七世紀後半のものと目されている木簡のなかに、歌（と思われるもの）が書かれているものがある。「歌」は例外なく、漢字を表音的に使って記されており、これは『万葉集』に流れ込む一つの「流れ」であったとみたい。そう考えて『万葉集』全体をみわたせば、表音的に書かれている歌は多いとはいえないのであって、その点においても、やはり『万葉集』が「漢字の彩」の中にある、とみるのがよいと考える。一方、九世紀といえば、（そうした呼称が妥当かどうかは別として）「国風暗黒時代」（あるいは「漢風讃美時代」）と呼ばれることもあり、前期、弘仁・天長期には、『凌雲集』（弘仁五（八一四）年）、『文華秀麗集』（弘仁九（八一八）年）、『経国集』（天長四（八二七）年）といった勅撰の三大詩集が成っている。

九世紀前期の文学は、自らも詩作を行なった嵯峨天皇によって主導された。第一詩集である『凌雲集』の序には「臣岑守言、魏文帝有曰文章者經國之大業、不朽之盛事。年壽有時而盡、榮樂止乎其身」とあり、編纂者小野岑守《みねもり》のことばとして、魏の文帝の『典論』の中の「論文」（文を論ず）にみえる「文章は経国の大業、不朽の盛事なり。年寿時として尽くること有り、栄楽は其の身に止まると」が引かれている。第三詩集『経国集』は書名が右の魏の文帝の言説を思わせるが、その序には「魏文典論之智。経国而無窮。是知文之時義大矣哉」とやはり「文章者経国之大業、不朽之盛事」に重なる言説がみられる。そのことからすれば、この魏の文帝の言説が、勅撰の三大詩集が標榜するものであったことを示している。

九世紀後期には、中唐の詩人白居易（白楽天）とその友人である元稹《げんじん》をめぐる、「元白文学集団」と呼ばれたりする詩人たちの作品が日本に伝えられる。「寛平御時后宮歌《かんぴょうのおんときのきさいのみやのうた》合《あわせ》」があり、寛平五（八九三）年の序が附されている『新撰万葉集』（上巻）も編まれる。『新撰万葉集』は、漢字で書かれてはいるものの、まず和歌があげられ、その左側に漢詩が添えられる、という形式を採っており、軽々に漢詩と和歌との「逆転」といえないことはいうまでもないが、『古今和歌集』への「アプローチ」が整いつつあるとみることもできよう。

『新撰万葉集』が勅撰になっていたとしたら、後続の勅撰和歌集も（『新撰万葉集』のように）いわゆる「万葉仮名」で書かれていたのではないかという「みかた」が提示されている。筆者は、「たられば」は言説を放恣に導きやすいので、できるだけ考えないようにしているが、そうはならなかったのではないかと思う。『新撰万葉集』の成立が先にふれた序の寛平五（八九三）年頃であったとすれば、『古今和歌集』撰進の年、延享五（九〇五）年の十二年前ということになる。『新撰万葉集』をどうみるか、ということが枢要であるが、いろいろな意味合いにおいて『万葉集』と王朝和歌との「接点」にある、とみることができるのだとすれば、「接点」とは「重なり合いと異なり」との謂いに他ならないのであって、『古今和歌集』が『新撰万葉集』にいわばひっぱられたかたちで成るということは考えにくいのではないか。また『新撰万葉集』が和歌＋漢詩のかたちで編まれていることからすれば、やはりそこには「日本語のウタ」と「中国語のウタ」というはっきりとした「対立軸」があったとみるのが自然で、『万葉集』が全体としてみれば、「漢字の彩」の中にあることとは「ひと味」違うとみることができよう。

ところで、「歌」を「ウタ」と書くことがある。「歌（ウタ）」はかたちが大事だ。内容が大事ではない、ということではないが、恋愛感情をよみこんだとして、どのようによみこむかが重要である。「歌（ウタ）」がそうであるとすれば、和歌の贈答が物語の展開に深くかかわる、「歌物語」が（「歌（ウタ）」だけではなく全体としても）仮名で書かれることは「必然」であったとみることもできる。

大げさにいえば、中国文化を背景にして、そこまでいわないとすれば、中国語、それを書くための文字である漢字ということを背景にして、日本語を書くために使われる漢字がいわば自然に備えている「公性＝フォーマリティ」と対置しているのが平仮名とみることができよう。片仮名が漢字とともにあったことからすれば、片仮名はまずは漢字の「公性」の中にあった。漢字片仮名交じりで書くことは、ずっと「公性＝フォーマリティ」と結びついていた。

漢語は漢字で書くということは、いわば「デフォルト」であると考えるが、「表記体＝どのように書くかというスタイル」の枠組みとしての強度がそうした「デフォルト」に「勝る」ことがある、と考える。つまり、平仮名を多く使い、少しだけ漢字を使うという「表記体」が選択された場合、その「表記体」の調子を維持するために、漢語が平仮名で書かれるということはある、と考える。あるいは漢字で書く、という「表記体」を選択した場合、もともとは仮名で書かれていた語も漢字で書く、ということがある。

右のように、片仮名と平仮名とは当初は使われる場が異なっていた。片仮名と平仮名とを「仮名」としてくることは、現代では当然のことであるが、それはいわば、「仮名」という一つの文字体系に二つのバリエーションがある、というくくりかたである。

植物の「アサガオ（朝顔）」は平仮名で「あさがお」と書いてもわるいということはない。「アサガオ」「あさがお」どちらもある。しかし「アさガお」、「あサがオ」とは書かない。そのことからすれば、片仮名は片仮名で一つの文字体系を構成し、平仮名は平仮名で一つの文字体系を構成していることになる。
さて、もう少し平仮名発生の頃のことを考えてみよう。

## 平仮名発生の頃

醍醐天皇の勅命によって編まれた勅撰和歌集の一番目にあたる『古今和歌集』は、延喜五（九〇五）年に奏覧された。成立がいつかについては、さまざまな説があるが、ひとまずこの西暦九〇五年を目安としたい。『古今和歌集』が奏覧された九〇五年の直前、延喜元（九〇一）年には『日本三代実録』が成り、『日本書紀』（七二〇年）、『続日本紀』（七九七年）、『日本後紀』（八四〇年）、『続日本後紀』（八六九年）、『日本文徳天皇実録』（八七九年）を含めた、いわゆる「六国史」が成る。そして、九二七年には律令の施行細則をまとめた『延喜式』が成る。史書が編まれ、法制が整えられることによって、奈良時代に始まった律令制度はこの時期に完成したとみることができるかもしれない。改めていうまでもなく、六国史も『延喜式』も漢文で書かれているのであって、この時期の官人たちの日常的な職務は漢字を使う「リテラシー」で支えられていた。その一方で、「話しことば」ではおもに和語が使われていたはずで、その日常使われている和語による表現を、ウタに結びつけていくということも次第に行なわれていったとみるべきであろう。

勅撰の漢詩集の「次」に勅撰の和歌の集が編まれたということは、漢詩から和歌へ、という「流れ」でみれば自然にみえる。その意味合いでは、和歌の集だから勅撰になった、ということができるかもしれない。また、『古今和歌集』が九〇五年に奏覧されたことをもって、その時期にはすでに平仮名によってウタを書くことが可能であった、とみることになる。平仮名がそういう段階に到達していなければ、『古今和歌集』も編まれることはなかったはずであるが、『古今和歌集』を編むということによって、平仮名に「表舞台」が与えられたとみることもできよう。十世紀の初めに、機が熟して『古今和歌集』が撰進された、というような表現をよく目にするが、「機が熟した」の「機」は、社会的なそれ、文学的なそれ、そして仮名の成立という言語的状況におけるそれ、少なくともこの三つの「機」が熟したということとみるのがよいだろう。

奏覧された『古今和歌集』が具体的にどのように書かれていたかは、実はわからない。漠然ととらえてよいのであれば、「平仮名で書かれている」ということになるが、漢字を一字も使わないで、とまでいえるかどうかは「わからない」としかいいようがない。筆者は、原理的には仮名のみで書かれていた、ということになるはずだが、実際に漢字は一字も書かれていなかったとは考えにくいのではないかと思う。なぜなら、後に述べる、『土左日記』の紀貫之自筆本において、和語にも少数ながら漢字があてられていると思われるからだ。

『古今和歌集』には漢字で書かれた「真名序」と、平仮名で書かれた「仮名序」とが備わっている。「仮名序」が巻頭に置かれ、「真名序」は巻末に置かれている。両序のいずれが先に成立したかについては諸説あって一定しないが、両序をよむことで、『古今和歌集』撰進の「目的」がみえてくる。それは、先に述べたように、平安時代の律令制度を背景として、九世紀の漢風に対して、国風を確立しようという意志の表明であり、併せて和歌の歴史について述べている。

仮名序は「やまと歌は、人の心を種として、よろづのことのはとぞ成れりける」と始まる。冒頭の「やまと歌」は仮名序中の「からの歌」（漢詩）と表現上対をなしており、（ウタに関して）はっきりと「和漢」という対立軸が意識されていると思われる。序中に「難《なに》波津《はづ》の歌」「安積山《あさかやま》の言葉」とあり、「この二歌は、歌の父母の様にてぞ、手習ふ人の、初めにもしける」と述べられている。この「難波津の歌」が具体的にどの歌を指すかについても、説が分かれているが、序中にあげられている「難波津に咲くやこの花冬ごもり今は春べと咲くやこの花」であるとすれば、法隆寺五重塔落書に書かれていた歌であり、また土器に墨書された歌、瓦にへら書きされた歌であり、そしてまた、歌の一部「なには」などを書いたものまでを含めれば、十五ちかくの木簡に書かれていた歌である。

二〇〇八年五月に、紫香楽《しがらき》宮跡とされる滋賀県宮町遺跡から出土した木簡は、当初は「難波津の歌」が書かれているものとされていたが、再調査の際に、「難波津の歌」の裏面に「安積山の歌」が書かれていたことがわかった。つまり『古今和歌集』仮名序が「歌の父母」と呼んだ、その「二歌」が一つの木簡の裏表に書かれていた。これは話題になり、報道もされたので、記憶されている方もいることだろう。具体的には次のようによまれている。「・」は木簡の両面に文字が書かれている場合に、その一つの面を示す記号。a、bはここでの説明のために便宜的に附した。「……」はもともとは一つの木簡であった（と思われる）が、現在は（物理的に）分離していて、その中間部分がどうなっているのかが不明な場合に使われる記号で、この木簡は現在は二つに分離している。□は文字が書かれていることはわかるが、判読できない場合。□〜□は判読できない文字の数が確定できない場合。「×」は内容等から判断すると、文字がさらに続いていることが予想できるが、折損などによって文字がないことを示している。奈良文化財研究所の記述方式ではこの「×」は使用しない。末尾の三つの数字はそれぞれ、長さ、幅、厚さをミリメートルで示したもので、この木簡は二つに分離しているので、それぞれの長さが、七十九ミリメートル、百四十九ミリメートルということだ。

a・奈迩波ツ尓……□〔久カ〕 夜己能波□□由己□〔母カ〕×（79＋140）・（22）・1

b・阿佐可夜……□〜　□流夜真×

右の「よみ」をそれぞれの歌と重ね合わせてみる。「なにわつにさくやこのはなふゆこもりいまははるへとさくやこのはな」の傍線部、「あさかやまかけさへみゆるやまのゐのあさきこころをわかおもはなくに」の傍線部が木簡にみえている。

また、二〇一七年八月二十五日には、山梨県甲州市塩山下於曽《えんざんしもおぞ》の平安時代の「ケカチ遺跡」の居館跡から和歌を刻んだ十世紀半ばの土器が見つかったことが報じられた。そうであれば次に採りあげる『土左日記』に近い時期のものであることになる。

## 紀貫之が書いた『土左日記』

紀貫之の『土左日記』は承平五（九三五）年頃に書かれたと考えられている。平安時代にはさまざまな文学作品が書かれているが、作者の自筆本が残されているものはほとんどない。紫式部が書いた『源氏物語』もなければ、清少納言が書いた『枕草子』もない。そうしたなかで、紀貫之自筆の『土左日記』が十五世紀末頃までは確実に存在していたことがわかっている。そしてその紀貫之自筆の『土左日記』を少なくとも四人の人物が書写した。藤原定家が文暦二（一二三五）年の五月十二日、十三日に、定家の子、為家が嘉禎二（一二三六）年八月二十九日に、松木宗綱が延徳二（一四九〇）年四月二十日に、三条西実隆が明応元（一四九二）年八月に、それぞれ書写している。といっても、現在存在が確認されているのは、定家筆本、為家筆本の二つのみで、その他は、その本をさらに写した本＝転写本が残されているという状況だ。そうではあっても、紀貫之自筆本に直接つながる本、もしくはそれにつながる本が複数あるということはきわめて珍しいことだ。

池田亀鑑『古典の批判的処置に関する研究』（一九三一年、岩波書店）は、現存する写本を使って、紀貫之自筆本がどのようであったかを再構築した名著であるが、この研究に基づいて、さらに分析が加えられ、現在では、紀貫之自筆本がどのようであったかがかなり具体的に推測できるようになってきている。その結果、為家筆本、あるいは為家筆本を江戸期に書写した青谿書屋本と呼ばれる本が紀貫之自筆本にもっともちかい姿を保っているということがわかってきた。

『土左日記』全体でいえば、漢語及び日付は必ず漢字で書かれているが、これは除外する。元来は日本語ではない漢語を仮名で書くことはいわば「難しい」。そうすると、和語「ヒ」「ネノヒ」「コ」をそれぞれ「日」「子日」「子」と書いた例がそれぞれ一例、「ヒト」を「人」、「チトセ」を「千とせ」と書いた例がそれぞれ一例ずつある。全体の言語量からいえば、きわめて少ないが、それでも和語に漢字をあてた例が存在している。このことからすれば、和語に漢字をあてることは、仮名で日本語を書きはじめた当初からあったのではないだろうか。和語にあてられた漢字は書写の過程で「混入した」というみかたがあるが、それは考えにくい。なぜならば、紀貫之自筆本につながる写本を使って再構築された『土左日記』当初の「姿」はきわめて信憑性《しんぴょうせい》のたかいものであるからだ。

これは『万葉集』の次のような例を想起させる。『万葉集』巻十八（四〇三五番歌）に「保等登芸須　伊等布登伎奈之　安夜売具左　加豆良尓勢武日　許由奈伎和多礼」（ほととぎす厭ふ時なしあやめ草かづらにせむ日こゆ鳴き渡れ＝ホトトギスは、いつ聞いても嫌な時はない。しかし、菖蒲をかづらにする日にはここを鳴いて行ってくれ）という歌がある。この歌は、和語「ヒ」にだけ表意的に「日」があてられ、他の箇所はすべて表音的に書かれている。表音的に書かれている部分を「仮名書き」、表意的に書かれている部分を「漢字書き」と置き換えてとらえてみると、この歌は「ほととぎすいとふときなしあやめぐさかづらにせむ日こゆなきわたれ」と書かれているのと同じことになる。あるいは同じ巻十八（四〇四七番歌）に「多流比売野　宇良乎許芸都追　介敷乃日波　多努之久安曽敝　移比都支尓勢牟」（垂姫の浦を漕ぎつつ今日の日は楽しく遊べ言ひ継ぎにせむ＝垂姫の浦を漕ぎながら、今日の日は楽しく遊んでください。語り継ぐことにしましょう）があるが、この歌においても和語

「ヒ」だけが表意的に「日」をあてられている。他に、「カハノセ（川の瀬）」を「可波乃瀬」（四〇六二番歌）、「ウノハナ（卯の花）」を「宇能花」（四〇六六番歌）、「アブラヒ（油火）」を「安夫良火」（四〇八六番歌）、「トモシビ（灯火）」を「等毛之火」（四〇八七番歌）と書いた例など、一拍あるいは二拍の名詞のみを表意的に書いた例が散見する。こうした書きかたが「平仮名を使って日本語を書く」書きかたに連続しているようにみえる。

　ただし、平安期の仮名書き資料全体をみると、和歌は仮名書きを主体としていることがはっきりとしている。それは、やはり和歌においては、一つ一つの語の形＝語形を明示的に文字化することに意義があったためと思われる。このことはずっと続く。藤原道長の日記は『御堂関白記』と名づけられており、道長自筆のものが陽明文庫に蔵されている。日記は基本的に漢字で書かれているが、和歌は平仮名で書かれている。寛弘八（一〇一一）年五月二十三日、一条帝が病にかかる。その時のことは「今頗重悩給」（今、頗る重く悩ませ給ふ）と記されている。病が悪化したためと思われるが、六月十九日には一条帝は出家する。戒師は慶円《きょうえん》僧正、羯磨師《こんまし》（受戒の時、表白と羯磨文とをよみあげる師）は院源《いんげん》僧都、唄師《ばいし》（唄を歌詠する師）は律師の懐寿《かいじゅ》と実誓《じっせい》とがつとめた。二十一日の夜には、「中宮」（藤原彰子）に「つゆのみのくさのやとりにきみをおきてちりをいてぬることをこそおもへ」という和歌を「おほせられて臥給後、不覚御座」（臥し給ふ後、覚めおはしまさず）という

「事態」に至る。この和歌が平仮名で書かれている。厳密にいえば、「おほせられて」の箇所も平仮名書きされているので、和歌のみが平仮名書きされているのではないが、「おほせられて」はいわば「つなぎ」として平仮名書きされているようにもみえる。この和歌は、藤原行成の日記である『権記』にも（小異があるが）載せられている。しかし、そこでもこの和歌は平仮名書きされている。

和歌を書くということが平仮名の発生を促したというと、言い過ぎであろうが、和歌と平仮名とはつよく結びついていた、とみることは自然であろう。そして、ここまで述べてきた推測があたっているとすれば、少数の和語は、仮名発生の頃から漢字で書かれていた。

## 仮名がうまれても漢字を捨てなかったのはなぜか？

「捨てなかった」と表現すると、「誰かが意志的に捨てなかった」ということを思わせるかもしれないが、そういうことではなくて、仮名発生後も、漢字が使われ続けて今日に至っていることから「たてた」問いということだ。

筆者は、まず考えられる理由は、仮名がうまれるまでの間に、日本語の中で借用される漢語が一定の数に達していたからではないかと推測する。そして、漢語は漢字で書くのが「デフォルト」であるということを前提とする。漢語を使わざるを得ない、しかして漢語は漢字で書く、ということになれば、漢字を捨てることはできない。

例えば、文武天皇の大宝元（七〇一）年に、刑部《おさかべ》親王、藤原不比等《ふひと》らによって大宝律令が制定された。刑法にあたる律は唐の律をほぼ受け継いでいる。大宝律は十二篇から成るが、第一篇で「五刑」と「八虐」が規定されている。「五刑」は高等学校の日本史の教科書などでもふれられているが、笞《ち》・杖《じょう》・徒《ず》・流《る》・死《し》の五つで、笞は細い棒で臀《しり》を打つ体刑、杖は太い棒で臀を打つ体刑、徒は懲役刑、流は流刑、死は死刑である。また「八虐」は「謀反《むへん》」「謀大逆」「謀叛《むほん》」「悪逆」「不道」「大不敬」「不孝」「不義」で、例えば「悪逆」は祖父母や父母を殴打して殺害しようと企てたり、尊属を殺害する罪であるし、「不道」は一家の三人以上を殺害したり、尊属の殴打、告訴、殺害をはかる罪である。「アクギャクヒドウ（悪逆非道）」という語を現在でも使うことがあるが、その「アクギャク（悪逆）」は「八虐」の一つ、ということになる。さて、右の「五刑」「八虐」いずれも漢語だ。そもそも「リツ（律）」「リョウ（令）」が漢語である。

中国の文化、制度を受け入れるにあたっては、必然的に、その文化や制度にかかわる中国語を漢語として借用することになる。制度は受け入れるが、その制度にかかわる語は、中国語をすべて日本語に翻訳する、ということにはなかなかならない。そうすると、律令制度下にある間は、その制度にかかわる漢語を使い続けることになる。そうした漢語を漢字で書く、ということになれば、漢字を捨てることはできない。

十世紀から十一世紀にかけて、遣唐使も廃止され、いわゆる「国風文化」が盛んになった時期であることはたしかなことである。「国風文化」といえば、物語や日記を中心とした「仮名文学」というように考えると、仮名の時代のように思ってしまうかもしれないが、文学のみが日常生活の中心ではない。そう考えると、仮名が成立したからといって、すぐに漢字を捨てることがなかったのは、むしろ当然とみたほうがよいかもしれない。

日本語はいわゆる自立語と付属語とから成る。付属語が糊のように自立語同士をくっつけているようにみえるところから、「膠着語《こうちゃくご》」と呼ばれることもある。現代の日本語表記においては、自立語をおおむね漢字で書き、付属語を仮名で書くということが多い。例えば、『古今和歌集』の冒頭の一首であれば、「年の内に春は来にけり一年《ひととせ》を去年《こぞ》とや言はむ今年《ことし》とや言はむ」という書きかたが、自立語は漢字で、付属語は仮名で、という書きかたになる。現代人はこうした書きかたに慣れているから、「わかりやすい」と感じる人が多いはずだ。現代人が現代人としての「感覚」や「心性」を完全に捨て去ることはできないだろうから、こうした書きかたがほんとうに「わかりやすい」かどうか、ということを一度は疑ってみてもよいと思う。現代人が「わかりやすい」と感じる書きかたが過去においても同様に感じられていたかどうかは、わからない。しかし、この書きかたはおそらく

「わかりやすい」であろう。そうであれば、当初は「漢語＝漢字」「和語＝仮名」という書きかたを原則としていたとしても、自立語である和語は次第に漢字で書かれるようになっていったであろう。

現在、仮名書道の手本として使われることが多い「高野切《こうやぎれ》」と呼ばれるものがある。高野山に伝わっていたことからの命名であるが、もともとは『古今和歌集』の写本であったものが、ばらばらの「切れ」（断簡）になっているところからそのように呼ばれる。「第一種」「第二種」「第三種」と分けて呼ばれ、筆者は三種とも紀貫之と伝称されてきているが、現在では、同一筆者ではないと考えられているし、紀貫之筆でもないと思われている。第一種と呼ばれている「高野切」には巻第一が書かれているが、冒頭の一首から三首までは次のように書かれている。

としのうちに はるは きにけりひと
ゝせを こそとや いはむ ことしとや いはむ
　はる のたち ける ひ よめる
　　　きの つらゆき
そて ひちて むすひし みつ のこ ほれる

をはるかたけふのかせやとくらむ
たいしらす
よみひとしらす
はるかすみたゝるやいつこみよしのゝ
よしのゝやまにゆきはふりつゝ

漢字は一字も使われていない。これは『古今和歌集』当初の「姿」を思わせる。先にふれたように、筆で平仮名を書く場合には、文字同士を続けて書くことがあった。これを「連綿《れんめん》」と呼ぶ。右では、連綿していないと思われるところを少し空けた。

さて、この連綿によって、語のまとまりを示したのだ、という言説がある。一番歌でいえば、「はるは」や「いはむ」「ことしとや」「よめる」などは、いわゆる「文節」のまとまりと一致している。しかしその一方で、「のうちに」や「けりひと」は「文節」の切れ目と連綿の切れ目とがまったく一致していない。高野切が書かれた時期には、そうした「語のまとまり」が意識されていたか、いなかったかも不分明であるし、意識されていたとしても、それが、橋本進吉の唱えた「文節」と一致していたかどうか。そうなると、一致していた箇所を採りあげて、連綿が語の切れ目を示すという機能をもっていた、と主張することははなはだ不完全な主張と言わざるをえない。

「筆に墨をつけて紙に文字を書く」ということをしっかりととらえるとすれば、まずは、「続けやすい仮名」「続けにくい仮名」があっただろうということをおさえておく必要がある。「続けにくい仮名」という表現は、いわば「続けて書く」という側からの表現になるが、言い換えれば、独立性のたかい仮名ということになる。例えば、現在使っている「し」(及びそれにちかい形状のもの)は上の字からも続けやすいし、下の字へも続けやすい。しかし漢字「志」を字源とする仮名は、「続けにくい仮名」、独立性のたかい仮名であるので、一行の先頭や末尾に書いたり、語の先頭に書いたりすることがある。現在使っている「た」は、やはり「続けにくい仮名」、独立性のたかい仮名であるためか、過去においては必ずしも使用が多くはなく、「多」を字源とする仮名がよく使われた。

「筆に墨をつけて紙に文字を書く」という経験が個人個人に蓄積されれば、「続けにくい」「続けやすい」ということは自然な選択として瞬時に判断できるであろう。筆には時々、墨を含ませなければならない。そうした「墨つぎ」をどういうタイミングでするか、ということも、「まとまりのいいところまで書いてから墨つぎをしよう」は自然なことであるので、語のまとまりと墨つぎとが重なり合う場合もあろうが、語のまとまりを示すことが重要で、墨がかすれてしまっても、まずは「語のまとまりを示す」と考えていたとは、考えにくい。

仮名の発生について述べてきた。仮名を使えばどのような日本語でも（原理的には）書くことができる。しかしそれでも漢字を使い続けたことについては幾つかの観点から述べた。片仮名についていえば、（漢文訓読的に）漢字を多く使い、それに少数の片仮名を交えて書く「漢字片仮名交じり」という表記体で使われていたと考えるのが自然であろう。一方、平仮名についていえば、平仮名を多く使い、それに少数の漢字を交えて書く「平仮名漢字交じり」という表記体で使われていたと思われる。そして後者においては、次第に漢字を多く交えるようになっていったと思われる。次章では、漢字と仮名とを使って日本語を書くということについて考えてみたい。

# 第四章　漢字と仮名

## 和語を漢字で書く

自然な書きかた、標準的な書きかたがある、とみた場合に、漢語を漢字で書くのは自然な書きかたといえよう。それを認めるならば、「漢語を漢字で書かない」ことに注目する価値があることになる。

第三章で述べたが、大部分の和語は、当初は仮名で書かれたと思われる。しかし、次第に漢字をあてる和語が増えていったと推測される。「次第に」というのは、時間が経過するにしたがって、ということで「通時的なみかた」である。「通時的なみかた」は「一つのものが時間が経過するにしたがってどうなるか」ということであるので、「一つのもの（ことがら）」についての観察である。アサガオの観察日記は、同じアサガオについての観察でなければ成り立たない。自分が育てているアサガオと、隣の家で育てているアサガオとの観察結果を気の向くままにつなげていっても、「観察日記」にはならない。「日本語の書きかた」ということについて、どうすれば「通時的なみかた」が成り立つかということは、あまり話題にならないが、成り立たせるのは案外と難しいように思う。「平安時代にはこう書いていました」というくくりそのものも難しそうであるが、仮にそれができたとする。そして、「鎌倉時代にはこう書いています」ということもいえたとする。しかし、同じ人物が同じ内容を、平安時代にこう書き、鎌倉時代にこう書いた、ということではないはずで、「書き手」が異なり、書いてある内容が異なり、となった時に、これを並べていいのか、ということがある。そこで「文字社会」という概念、とらえ方が有効ではないかと考える。まったく同じ人物ではないにしても、歌人として活躍したという共通点があるとか、書いてある内容はまったく同じではないが、和歌であるとか、できるだけ重なり合いがあり、かつ言語生活が類似しているであろうということを想定して、それを同じような「文字社会」に属している、ととらえる。緩やかな概念ではあるが、まったく想定しないよりはよほどよい。先に述べたように、日本語には正書法がない。つまり書きかたの選択肢がある。どの選択肢を選ぶかは、いろいろな「条件」によって変わるであろうが、同じ「文字社会」に属していることがわかっていれば、少しは考えが進めやすい。

こういうところが丁寧に組み立てられていないと、言説は放恣になる。現代人が平仮名が「もっとも日本的なものであると感じる」という言説があったとする。筆者などは、「もっとも」はどういうもののなかで、ということだろうか？　と思うので、言説自体に疑問があるが、とにかくそういう言説があったとする。そしてその言説を認めたとして、それは現代人が感じたことであって、まずは現代についての「みかた」である。そうした現代人の感じかたが平仮名の発生にまったく関係がないとまで断言できるかどうかはわからないが、しかしそのことと、平仮名の発生はまずは別のことがらと思うしかない。平仮名が「日本語を日本語らしくしている」というような言説も筆者には理解しにくい。日本語らしくない日本語があるのか？　と思う。らしいもらしくないもない。日本語は日本語だ。まして、文字が言語を言語らしくするというのはどういうことか、と思う。

## 『源氏物語』を定点として書きかたを探る

さて、次第に漢字をあてる和語が増えていった、という話題に戻ることにする。

『源氏物語』は西暦一〇〇八年頃にできあがりつつあったと推測されている。仮名が発生したのが九世紀後半から十世紀にかけての頃と推測されているので、そこから百年ぐらい経った頃ということになる。『源氏物語』を「観測地点」に設定してみよう。一〇〇八年頃、すなわち十一世紀初め頃に書かれた『源氏物語』があれば、それを観察するのがよいわけであるが、そうしたものは現存していない。現在残されている『源氏物語』で、もっとも古い時期に書かれたものは、鎌倉時代の初期、つまり十二世紀の末頃に書かれたものである。したがって、『源氏物語』が成ってから二百年ぐらい経過していることになる。天理図書館に蔵されている、鎌倉時代初期頃の書写と推測されている「鈴虫」をみてみよう。図9は冒頭の八行目から十七行目までの箇所である。天理図書館善本叢書『源氏物語諸本集二』（一九七八年、八木書店）から引用させていただいた。翻字を示す。観察を安定

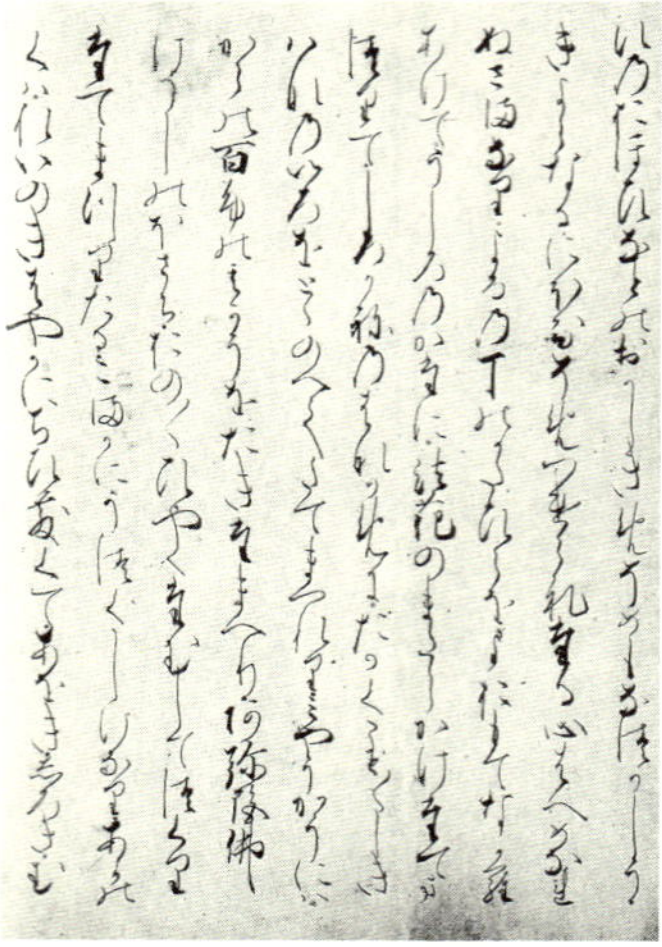

図9　『源氏物語』（鎌倉時代初期頃）の「鈴虫」

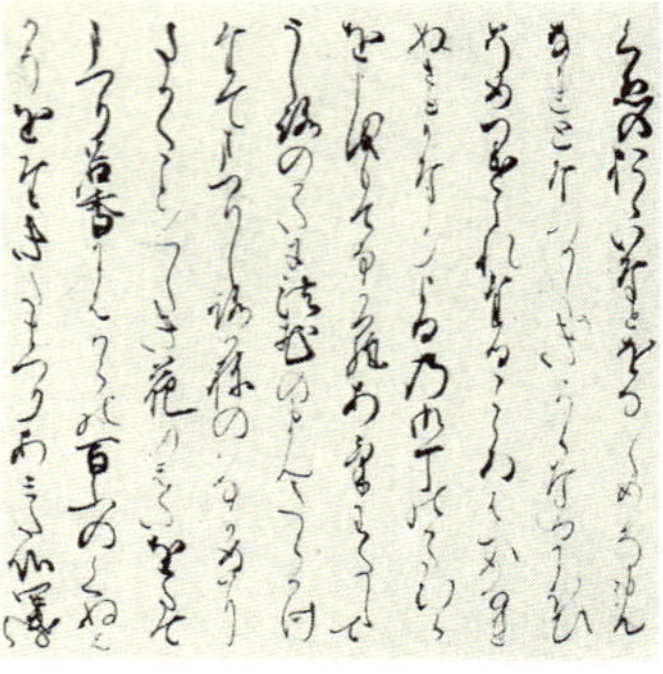

図10　『源氏物語』（鎌倉時代末期頃）の「鈴虫」

させるために、鎌倉時代末期頃の書写と推測されている穂久邇《ほくに》文庫に蔵されている「鈴虫」を併せて掲げておく。図10は日本古典文学影印叢刊6『源氏物語四』（一九八〇年、貴重本刊行会）から引用させていただいた。

01 夏ころはちすの花のさかりに入道のひめ宮の
02 御持佛ともあらはしたまへるくやうせさせたまふ
03 このたひはおとゝの君の御心さしにて御ねんす
04 たうのくともこまかにとゝのへさせたまへるをやかて
05 しつらはせたまふはたのさまなとなつかしう心
06 ことなるからのにしきをえらひぬはせたまへりむら
07 さきのうへそいそきせさせたまひけるはなつく
08 えのおほひなとのおかしきめそめもなつかしう
09 きよらなるにほひそめつけられたる心はへめなれ
10 ぬさまなりよるの丁のかたひらをよおもてなから
11 あけてうしろのかたに法花のまたらかけたてま
12 つりてしろかねのはなかめにたかくこと〳〵しき

13 はなのいろをとゝのへてたてまつれりみやうかうには
14 からの百ふのえかうをたきたまへり阿弥陀佛
15 けうしのほさちおの〳〵ひやくたむしてつくり
16 たてまつりたるこまかにうつくしけなりあかの
17 くはれいのきはやかにちひさくてあをきしろきむ

08 くゑのおゝいなとをり〳〵めそめ
09 なれとなつかしうきよらなるにほひ
10 そめつけられたるこゝろはへめなれ
11 ぬさまなりよるの御丁のかたひら
12 をよをもてなからあけわたして
13 うしろのかたに法花のまんたらかけ
14 たてまつりしろかねのはなかめに
15 たかくこと〳〵しき花のえたをたて
16 まつり名香にはからの百ふのくぬえ

天理図書館に蔵されている本を中心に観察してみよう。まず仮名で書かれている漢語がある程度の数あることが目をひく。02「くやう」は「クヤウ（供養）」、03〜04「ねんす／たう」は「ネンズダウ（念誦堂）」、11「またら」は「マンダラ（曼荼羅）」、13「みやうかう」は「ミヤウカウ（名香）」、15「けうし」は「ケウジ（脇侍）」、「ほさち」は「ボサチ（菩薩）」、「ひやくたむ」は「ヒヤクタム（白檀）」、16〜17「あかの／く」は「アカノグ（閼伽の具）」、17「れい」は「レイ（例）」を書いたものと思われる。

先に「漢語は漢字で書くのが常態」と述べたが、右には仮名書きされた漢語が散見している。「ミヤウカウ（名香）」は穂久邇文庫蔵本16では「名香」と漢字で書かれ、天理図書館蔵本14「阿弥陀佛」は穂久邇文庫17では「あみた仏」と書かれている、といったようなことはあるにしても、仮名で書かれた漢語が案外と存在している。これは、『源氏物語』のような文学作品は仮名で書くという「意識」が（実際に意識されたかされていないかは別として）あったため、と推測する。ここでの「ような」は女性が作者と思われている、でもいいし、和歌を含んだ物語でもいい。とにかくその「意識」が「漢語は漢字で書く」というデフォルトを仮名書き側にひきつけた。

漢語はもともとは日本語ではなく中国語であるので、日本語にはない発音（音韻）を含んでいる場合がある。そのような語は仮名で書きにくい。漢語「ビャクダン（白檀）」であれば、拗音と呼ばれる「ビャ」と末尾の撥音が仮名で書きにくい。天理図書館蔵本14、穂久邇文庫蔵本16「百ふ」は「ヒヤクフ（百部）」という漢語を書いたものと思われるが、この箇所で「ヒャク」に漢字「百」があてられているのは、そういうことと思われる。ただし、それは（漠然としたいいかたが許されるのであれば）『源氏物語』が最初に書かれた頃のことで、そこから二百年ぐらい経つ間に、拗音も仮名で書くようになった。そうなっても、文学作品のテキストを写すという場面においては、やはりできるだけ今自分が写しているテキスト（書写原本）どおりに書こうとする、これも「意識」がはたらくために、「ヒャク（百）」は仮名で書けるのだから、書写原本に「百」と書いてある箇所も統一的に「ひやく」と書こうというようなことはない、といってよい。『源氏物語』のテキストが書写を繰り返されて時空を超えていく、そのいつか、どこかで、誰かが「百」を「ひやく」と書いた。それがまたそのまま「継承」されていく、ということである。さまざまな「意識」や「枠組み」の中で、テキストを写すというようなことも動いていく。そうした「意識」や「枠組み」を可能な限り探りながら考えていかなければ、「現代人の（勝手な）解釈」が横行することになる。「現代人の（勝手な）解釈」は現代人にはわかりやすいが、それでいいかどうか。

「綱引き」という表現が適切かどうか、それもよく考えなくてはいけないが、それを使って説明してみよう。「漢語は漢字で書く」と「女性を作者とする、和歌を含んだ物語は仮名勝ちに書く」とが「綱引き」をする。「漢語は漢字で書く」（という意識）が強ければ、「女性を作者とする、和歌を含んだ物語」であっても、漢語は漢字で書かれているはずであるが、ここまでの観察では、どうもそうではない。ということは、「女性を作者とする、和歌を含んだ物語は仮名勝ちに書く」（という意識）が強い、ということだ。「漢語は漢字で書く」は語が書きかたを決めるということで、後者はテキストのありかたや内容が書きかたを決めるということだから、ここではテキストのありかたや内容が書きかたを決定しているということだ。

さて、話を天理図書館蔵の「鈴虫」に戻すことにしよう。和語にどのくらい漢字が使われているかといえば、接頭辞「御」を別にすれば「ナツ（夏）」「ハナ（花）」「ミヤ（宮）」「キミ（君）」「ココロ（心）」三回のみであまり多くない。07〜08「はなつく／え」の「ハナ」には漢字があてられていないので、「ハナ」にはすべて漢字をあてる、というわけでもない。頻出する「タマフ」にも漢字があてられていない。これらのことからすれば、天理図書館蔵の「鈴虫」は「仮名勝ちに書かれている」といってよい。これはやはり『源氏物語』、つまりは「書かれた文章の内容」の「なせるわざ」であろう。内容が選ぶ表記体＝書きかたということだ。『源氏物語』はそもそも成立が平安時代であるので、平安時代のものだ、という感覚が鎌倉時代であってもはたらくだろう。そしてもともと多くの漢語が使われていたわけではない。それでは、ある程度の漢語を含み、鎌倉時代（以降）に成立したと思われる『平家物語』を観察してみることにしよう。

## 『平家物語』を定点として書きかたを探る

図11はかつて平松家に蔵されていたために「平松家本」と呼ばれる、漢字で書かれた『平家物語』（十一巻、京都大学附属図書館現蔵）である。『平松家本平家物語』（一九八八年、清文堂出版）から引用させていただいた。漢字ばかりで書かれた文学テキストのことを「真名（真字）本」と呼ぶことがあるので、その呼称を使えば、平松家本は真名本の『平家物語』ということになる。図11でわかるように、「真名本」といっても、送り仮名や振仮名などが記されている。翻字を示しておこう。

01　存シ候ワハヤ又遠御守トモ成進候ヘシトテ鎧ノ引合ヨリ巻物一取リ出シテ俊成ノ
02　卿ニ奉ラル三位此巻物ヲ少開キ見給イ此有忘レ記念ヲ給置候ヌレハ
03　努々疎略ヲ存スマシク候但シ勅撰ノ事人ヲハ知候ハス愚身カ蒙ラムニ
04　置テハ努々不可有御疑候ト宣ヘハ忠度今生ノ見参コソ只今

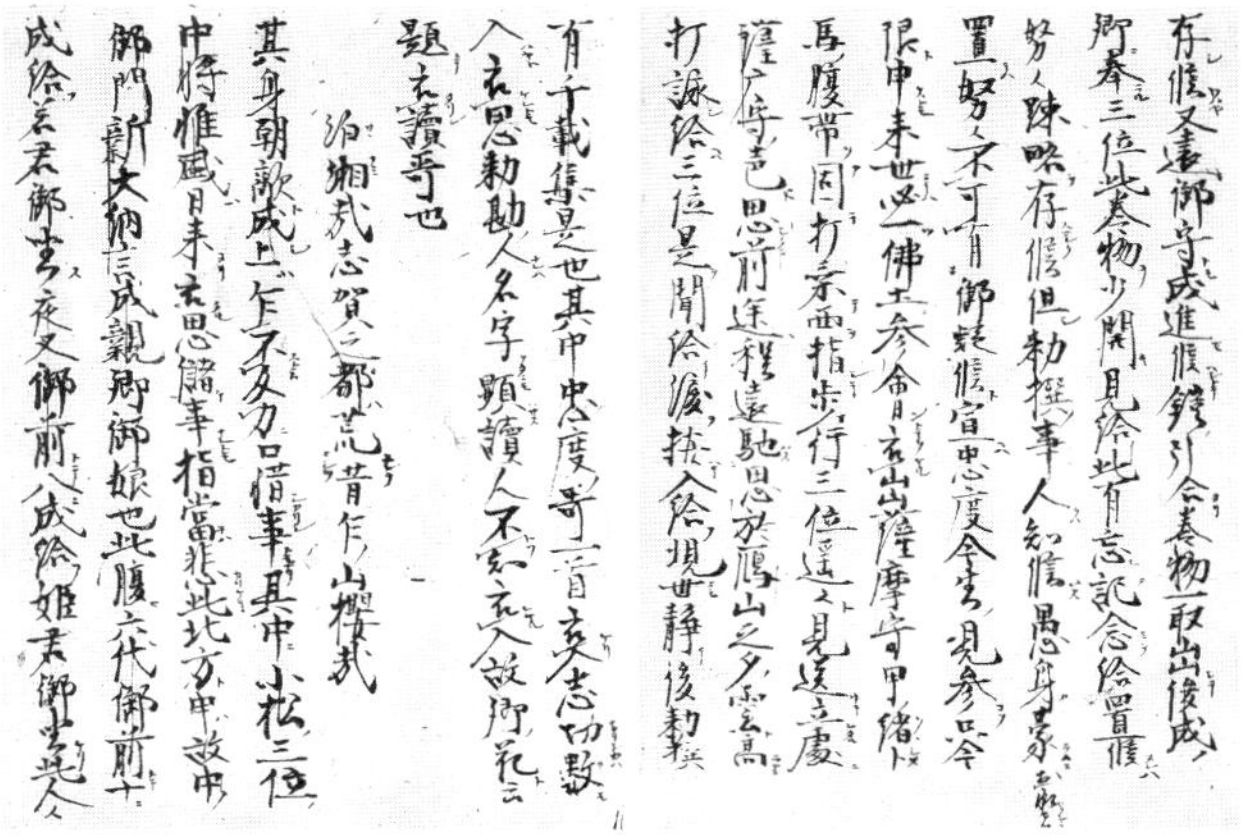

図11　『平家物語』平松家本

05　限ト申ストモ来世ニテハ必一ツ佛土ニ
参会ントコソ被出薩摩守甲ノ緒〆
06　馬ノ腹帯ヲ固テ打乗テ西ヲ指シテ歩ミ
行三位遙々ト見送リテ立レタル処ニ
07　薩摩守ノ声ト思シクテ前途程遠馳思於
雁山之夕雲ト高ラカニ
08　打詠シ給ヘハ三位是ヲ聞給イ涙ヲ拭ヘ
テ入給フ現世ニモ静テ後勅撰
09　有千載集是也其中忠度ノ哥二首被入志
切ナカリシカハ数モ
10　入ハヤト被思ケレトモ勅勘ノ人ナレハ
名字ヲタニモ顕ハサス読人不知トソ被入
レケル故郷ノ花ト云
11　題ニテ被読タリシ哥也
12　泊湘哉志賀之都ハ荒ニシヲ昔乍ノ山桜
哉

この「平松家本」は漢字で書かれているが、「漢文式」に書いている箇所はむしろあまり多くはなく、日本語の語順のままに漢字に置き換えているという書きかたが採られている。そのことからすれば、『平家物語』を漢文で書こうとしていたのではない、と推測するのが自然だ。

12では和歌が漢字で書かれているが、これも「さざなみやしがのみやこはあれにしをむかしながらのやまざくらかな」という和歌に、いわば順番に漢字をあてていったようにみえる。

図12は『延慶本平家物語』第四巻（一九八二年、汲古書院）から引用させていただいた。『平家物語』にはさまざまな「形態」をしている本＝テキストがある。図12は、大東急記念文庫に蔵されている「延慶本」と呼ばれる本である。古典文学作品の本＝テキストの呼称は、例えば、いつそのテキストが書写されたか、ということに依ることがある。この「延慶本」は、例えば第六帖の末尾に「延慶三年」と記されている。延慶三年は西暦一三一〇年にあたる。しかし、そのさらに後ろに「應永廿六」とある。応永二十六年は西暦一四一九年である。つまり、この「延慶本」と呼ばれている本＝テキストは、延慶三（一三一〇）年頃、十四世紀に写された本を、百年以上経って、十五世紀に写した本ということ

になる。そういうことをまずおさえておくことも大事である。

先にも述べたが、あるテキストを書写する場合、自分の書きたいように自由に書くということは、まずは考えにくい。書写という行為が内包している「枠組み」とでもいえばよいだろうか。精度や何を大事にするか、ということは書写者により、時期により、書写の目的により、さまざまであろうが、基本的には「できるだけ原本にちかく書写する」という写しかたをしていると思われる。そうであれば、十五世紀に写された本だからといって、「これが十五世紀の書きかただ」とみるのは単純過ぎるということになる。その一方で、「できるだけ原本にちかく書写」しようとしていても、書写原本とまったく同じに写すことはできない。したがって、写されるたびにテキストは少しずつ姿を変えていくことになる。それでも『平家物語』は『平家物語』だ。図12とそれに続く箇所を翻字しておこう。

01　既ニ行幸ノ御共ニ打出ラレタリケルカ乗替一騎計具テ四塚ヨリ
02　帰テ彼俊成卿ノ五条京極ノ宿所ノ前ニヒカヘテ門タ、カセケレハ
03　内ヨリ何ナル人ソト問薩摩守忠度ト名乗ケレハサテハ落人ニコソ
04　ト聞テ世ノツ、マシサニ返事モセラレス門モアケサリケレハ其時忠
05　度別事ニテハ候ワス此程百首ヲシテ候ヲ見参ニ入スシテ外土へ

罷出ム事ノ口惜サニ持テ参テ候ナニカハクルシク候ヘキ立ナカラ見参シ候ハヤト云ケレハ三位アワレトオホシテワナヽク〳〵出合給ヘリ世シツマリ候ナハ定テ勅撰ノ功終候ワムスラム身コソカヽル有様ニマカリ成候トモナカラムアトマテモ此道ニ名ヲカケム事生前之面目タルヘシ集撰集ノ中ニ此巻物ノ内ニサルヘキ句候ハヽ思食出シテ一首入ラレ候ナムヤ且ハ又念佛ヲモ御訪候ヘシトテ鎧ノ引合ヨリ百首ノ巻物ヲ取出シテ門ヨリ内ヘ投入テ忠度今ハ西海ノ浪ニシツムトモ此世ニ思量事候ワスサラハ入セ給ヘトテ涙ヲノコイテ帰ニケリ俊成卿感涙ヲヲサヘテ内ヘ帰入テ燈ノ本ニテ彼巻物ヲ見ラレケレハ秀歌共ノ中ニ古京ノ花ト云題ヲ

　サヽナミヤシカノミヤコハアレニシヲムカシナカラノ山サクラカナ

忍戀ニ

　イカニセムミヤキカハラニツムセリノネノミナケトモシル人ノナキ

其後イクホトモナクテ世シツマリニケリ彼ノ集ヲ奏セラレケルニ忠度此道ニスキテ道ヨリ帰タリシ志アサカラス但シ勅勘ノ人ノ名ヲ

図12をみるとわかるが、例えば01の「御共ニ」の「ニ」、「具テ」の「テ」、「四塚ヨリ」の「ヨリ」は右側に寄せて小書きされている。いわゆる自立語を大きく書き、助詞や助動詞などの付属語を小書きする書きかたを「宣命書《せんみょうが》き」と呼ぶことがあるが、この呼称を使えば、「延慶本」は宣命書き風に書かれているといえよう。「風」は曖昧な表現であるが、徹底してそうであるようにはみえないので、「風」と表現した。

こうした書きかたが、十五世紀の時点で採られたとは考えにくいので、これは「延慶本」（原本）がそうであったことが「遺伝」したのであろう。漢文訓読の中で片仮名がうまれたであろうことについては先に述べたが、そうした意味合いにおいて、漢字と片仮名とは親和性がある。したがって、漢字を多く使い、それに片仮名を交える「漢字片仮名交じり」という書きかたは自然なものととらえておけばよいだろう。

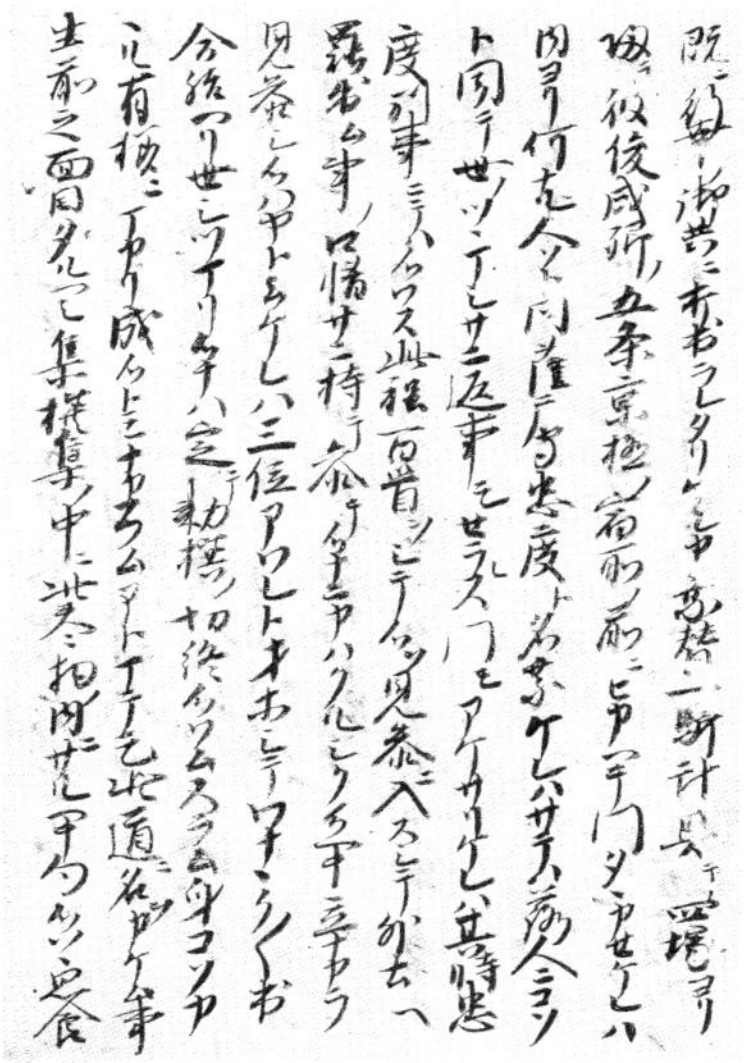

図12　『延慶本平家物語』

片仮名と表音性とを結びつける言説を目にすることがある。右の範囲内でいえば、05「候、ワス」、07「ア、ワレト」、08「候、ワムスラム」、13「候、ワス」「ノコ、イテ」は古典かなづかいでは「候はす」「あはれと」「候はむすらむ」「候はす」「のこひて」と書くことからすれば、この時期の発音寄り、すなわち表音的な書きかたといえよう。しかし、その一方で、02「ヒカヘテ」、14「ヲサヘテ」などは古典かなづかいどおりに書かれており、この時期の発音が、それぞれ「ヒカエテ」「ヲサエテ」であると思われることを考え併せれば、非表音的な書きかたといえよう。そして何よりも、右の範囲内には濁点がまったく使われておらず、濁音音節を示そうとはしていない。濁音音節を濁音音節であることがわかるように示すことを「表音的」と呼ぶのであれば、その点において右の書きかたはまったく「表音的」ではないことになる。濁音音節を濁音音節であることがわかるように示すことは（日本語における）「表音的」ということとはかかわりない、とみるのであれば、「別な話」ということになる。

右の範囲だけで何かをいうことはできないが、「目安」として考えてみたい。右の範囲には繰り返し符号も一字、あるいは二字と数えて、五百四十九字が記されている。そのうち、漢字は二百二字、三六・八パーセントを占める。延慶に書写された本まで視野に入れて、ということになるであろうが、例えば10「生前之面目」においては助詞「ノ」が漢字で書かれている。これは「そういう本＝テキスト」を写したことを思わせる。02「門タ、カセケレハ」において、助詞「ヲ」が書かれていないのは、書写にかかわることではないかもしれないが、13「思量事候ワス」の「思量」はおそらく「オモヒハカル」を書いたものであろう。こうした書きかたは、そもそも「仮名勝ち」に、ではなく、「漢字勝ち」に書こうとしていたことを窺わせる。しかしまた、漢字「量」と和語「ハカル」とが結びついていなければ、こうした書きかたができないことを思えば、和語と漢字との結びつき、和訓の形成が進行していたことが推測できる。

右に引用した箇所の少し前に、「平家ハ零タレトモ源氏ハ未入替」と書かれている箇所がある。「未入替」は「イマダイレカハラズ」を「漢文式」に書いたものと思われるが、「零」は「オチ」を書いたものと考えられている。例えば、十二世紀後半頃には成っていたと推測されている辞書、観智院本『類聚名義抄』には図13のようにある。天理図書館善本叢書和書之部第三十三巻『類聚名義抄観智院本法』（一九七六年、八木書店）から引用させていただいた。

八行目（最終行）に「霝」「零」二つの字が縦に並んでいるが、「零」字の下に「オツ」

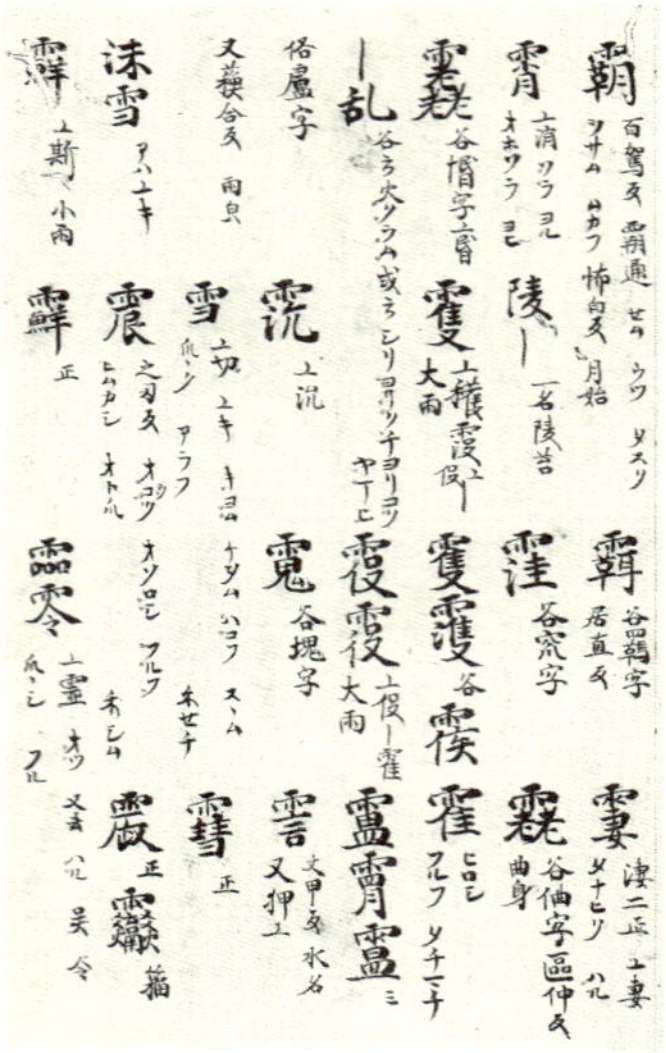

図13　観智院本『類聚名義抄』

という和訓がみえている。「レイラク（零落）」という漢語は〈おちぶれること〉という語義で現在も使うが、「零落」は上の字も下の字も〈おちる〉という字義をもっているから、漢語全体も〈おちる〉という語義になる。少し粗い説明になってしまうが、十二世紀後半頃までに漢字「零」と和語「オツ」（現代語「オチル（落）」）との結びつきが形成され、その結びつきを使いながら延慶本『平家物語』が書かれている、ということになる。

「少し粗い説明」と述べたのは、大枠としてはそういうことにみえるが、より細かく目配りをすると、そう単純ではないと思われる点もある、ということだ。「そう単純ではないと思われる点」とは、例えば、06の「ナニカハクルシク候ヘキ」の「ナニ」に「何」、「クルシク」に「苦」をあてることはできそうに思われるが、そうしていない。07「アワレトオホシテ」も「アワレ」に「哀」、「オホシテ」に「思」をあてていない、というような点だ。

延慶本『平家物語』全体では、「ナニ」が四十三回使われているが、そのうち二十三回が仮名で書かれ、十八回が漢字「何」で書かれ、二回が漢字と仮名とで「何ニ」と書かれている。つまり「ナニ」に関していえば、仮名で書かれている回数が多い。形容詞「クルシ」に関していえば、全体で二十七回使われているが、漢字「苦」があてられているのが十七回、仮名で書かれているのが十回である。この語の場合は、漢字が使われることが多いが、それでも仮名書きが相当数ある。

延慶本をみると、かなり漢字が使われているという印象を受けるが、漢字がどのような語に使われているか、という点に着目すると、現代日本語と同じように漢字が使われているわけではないことに（すぐに）気づく。先に、「自立語を大きく書き、助詞や助動詞などの付属語を小書きする書きかたを「宣命書き」と呼ぶことがある」と述べ、延慶本は「宣命書き風」だと述べたが、「風」は、自立語にいつも漢字があてられているわけではない、ということをも含む。さて、では「なぜそのように書かれているのか」ということになると、その答えは現時点では「わからない」としかいいようがない。延慶本は書き手＝書写者が一人ではないことがわかっている。書き手が複数だから「ナニ」を仮名で書く人と漢字で書く人がいたのだ、という説明は「説明」としては可能であろうが、どうしてそのように分かれてしまうのか、というところまで疑問を及ぼすと、やはり答えに窮する。延慶に写された本を応永に写すという「二度にわたる書写」でどのようなことが起こるか、ということを想像することは案外と難しい。複雑に絡み合った糸のようなもので、それを解きほぐすのには相応の時間と根気とが必要になる。もしかしたら、ついに解きほぐすことができないかもしれない。人間の「想像力」は案外と限定されているようにも思う。「わからない」から「わかる」範囲内で説明する、ということはもちろんある。しかし、どこまでが現時点で「わかる」ことで、どこからが「わからない」ことかを明らかにしておく必要も（場合によっては、といっておくが）ある。延慶本は一筋縄ではいかないと感じる。さて、また話を戻そう。

その一方で、16、18の二首の和歌には漢字が一つずつしか使われていない。これは、いかに「漢字勝ち」に書いたとしても、和歌は「仮名勝ち」に書くという意識があったためであろう。過去に書かれ、現在まで「いきのびた」テキストには、「いきのびた」という「歴史」がある。さまざまなことがらが働いて「いきのびた」といってよい。いきのびることができなかったテキストには、また何らかのことがらが働きかけた。印刷が文字化の常態になるまでは、テキストは手写される。テキストを写すということに関しても、さまざまなことがらが働きかける。そうしたさまざまな働きかけを仮に「ベクトル」という語で表現するならば、さまざまな「ベクトル」の交点に具体的なテキストがあるといってよい。そうした「ベクトル」を思量することなく、あるいはテキストの具体的なありかたを考えることなく、簡単にくくってしまうことによって、見逃すことが少なくない、と考える。いろいろなとらえかた、いろいろな考えかたがあってよいと思う。しかし、文字にかかわることがら、テキストにかかわることがら、は、ある程度観察対象に接近して、具体的に対象を眺める必要がどうしてもある。抽象的な言説は、具体的なありかたから浮遊してしまうことが少なくないのではないかと思う。

図14は龍谷大学に蔵されている『平家物語』であるが、「漢字平仮名交じり」で書かれている。龍谷大学善本叢書13『平家物語三』（一九九三年、思文閣出版）から引用させていただいた。翻字を示しておく。

01　是に候巻物のうちにさりぬへきもの候はゝ一首なり共
02　御恩を蒙て草の陰にてもうれしと存候はゝ遠き
03　御まもりてこそ候はんすれとて日ころ讀をかれたる
04　哥共のなかに秀哥とおほしきを百余首書あつ
05　められたる巻物を今はとてうたれける時是をとて

もたれたりしか鎧のひきあはせより取いて俊成卿に奉り三位是をあけてみてかゝるわすれかたみを給りをき候ぬる上はゆめ〳〵そらくを存すましう候御疑あるへからすさても只今の御わたりこそ情もすくれてふかう哀も殊におもひしられて感涙おさへかたう候へとの給へは薩摩守悦て今は西海の波の底にしつまは沈め山野にかはねをさらさはさらせ浮世におもひをく事候はすさらはいとま申てとて馬にうちのり甲の緒をしめ西をさいてそあゆませ給ふ三位うしろを遙にみをくてたゝれたれは忠度の聲とおほしくて前途ほど遠し思を雁

右の範囲には三百四十九字が書かれていて、そのうち漢字は九十三字（二六・六パーセント）である。（これだけでは数値的なデータとはいえないことはいうまでもないが、目安としていえば）やはり延慶本と比べると漢字の使用が少ない。龍谷大学蔵本は漢字の使用がさほど多くないので、「平仮名漢字交じり」で書かれているというのがよいだろう。

図14　『平家物語』（龍谷大学蔵）

漢字と片仮名とを使って書かれているテキストを「カタカナ本」、漢字と平仮名とを使って書かれているテキストを「ひらがな本」と呼ぶことがある。それはそれで自然な呼称ともいえるが、これらの呼称は、漢字が使われているかどうか、また漢字が使われている場合にそれがどの程度使われているかが呼称からはわからない。ごく粗くでもいいので、「漢字片仮名交じり」（漢字を多く使い片仮名を交える）あるいは「片仮名漢字交じり」（片仮名を多く使い漢字を交える）や「漢字平仮名交じり」「平仮名漢字交じり」という呼称を使うのが丁寧だろう。

仮名は表音文字であるので、仮名勝ちに書かれたテキストは語形を明示しているということはいえよう。例えば、「ユメユメ」という語を08のように「ゆめ〳〵」と書けば、それが（い

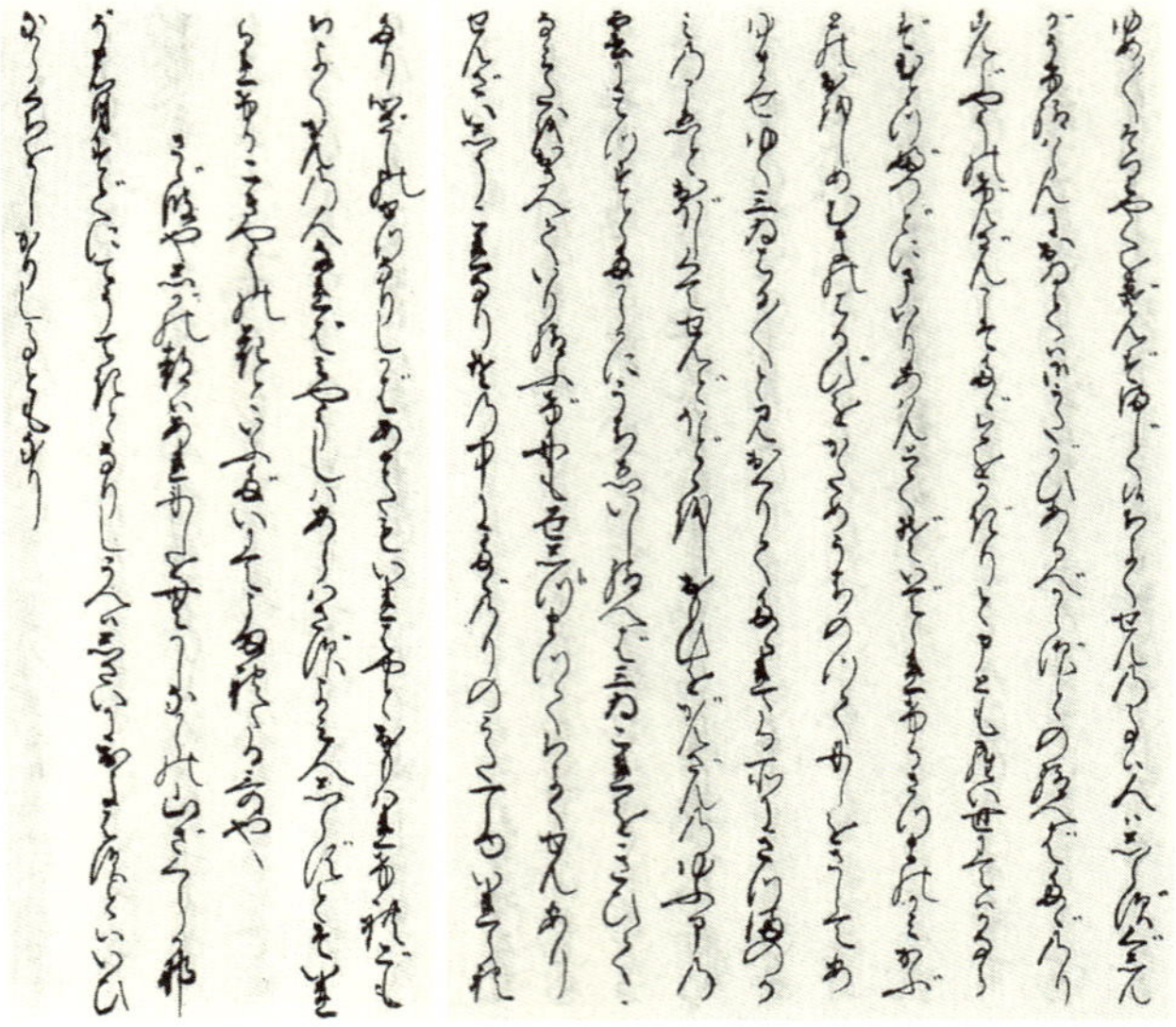

図15　『平家物語』（国立国会図書館蔵）

うまでもないが）「ユメユメ」という語を書いたものであることはすぐわかる。平松家本の03「努々」が「ユメユメ」を書いたものであったとして、「努々」は語形を明示しているとはいいにくい。

図15は国立国会図書館に蔵されている『平家物語』で、ほとんどが平仮名で書かれている。古典文庫第二五五冊『平家物語 百二十句本 四』（一九六八年）から引用させていただいた。翻字を示しておこう。

01　ゆめ〳〵そりやくをぞん

ずまじく候ちよくせんの事は人はしらずぐしんがうけ給はらんにおゐては御うたがひあるべからずとの給へばたゞのりこんじやうのげんざんこそたゞ今をかぎりと申ともらい世にてはかならずひとつぶつどにまいりあはんとてぞいでしられけるさつまのかみかぶとのおをしめむまのはるびをかためうちのつてにしをさしてあゆませゆく三ゐはる〳〵と見おうりてたゝれたる所にさつまのかみのこゑとおぼしくてせんどほどゝをしおもひをがんざんのゆふへの雲にはつすとたからかにうちゑいし給へば三ゐこれをきひてなみたをおさへていり給ふげにも世しづまつてちよくせんありせんざいしうこれなりその中にたゞのりのうた一しゆいれられたり心ざしのせつなりしかばあまたもいれはやとおもはれけれどもちよくかんの人なればみやうしはあらはさずよみ人しらずとそいれられけるこきやうの花といふだいにてよまれたる哥也

　さゞなみやしがの都はあれにしをむかしながらの山ざくらかな

その身すぐにてうてきとなりしうへはしさいにおよはすとはいひながらくちをしかりし事ともなり

右の範囲には四百五十五字が書かれていて、そのうち漢字は二十六字（六パーセント）にとどまる。ほとんどが平仮名で書かれているといってよい。「ソリャク（疎略）」「チョクセン（勅撰）」「ゲンザン（見参）」といった漢語も平仮名で書かれている。これはそのように書こうと思って書いているとしか考えにくい。つまりそうした書きかたを選択しているということだ。平仮名は音節文字だから、ほとんど平仮名で書けば、一つ一つの語がどのような語であるかということがわかりやすくなるといえばわかりやすくなる。声に出して「よむ」ということをするならば、それには適していることになる。あるいはそういうことを背景として、右のような書きかたが選択されているかもしれない。

ここまで、『平家物語』をこの時期の「定点」として設定し、どのような「書きかた」がなされているかを検証してきた。「漢字と仮名とを併用」するという「大枠」の中で、漢字ばかりを使う「平松家本」、漢字と片仮名とを使う「延慶本」、漢字と平仮名とを使う「龍谷大学蔵本」、ほとんど平仮名ばかりを使う「国立国会図書館蔵本」と、さまざまな『平家物語』が存在することがわかっていただけたかと思う。これを「書きかたの可能性」ととらえるとすれば、この時期にはこれだけの可能性があったことになる。

現代日本語においては、「書きかたの幅」は案外とせまい。「案外と」というよりも、せまくなるようにしている、といった方がよいかもしれない。「常用漢字表」を定め、使う漢字の種類とそれぞれの漢字と結びつける「音・訓」を絞ることによって、「書きかたの幅」はせまくなる。つまり「書きかた」のバリエーションを減らしているといってもよい。その結果として、「誰が書いても、同じ語は同じ書きかた」というような「唯一性表記システム」にちかづいていく。そうした「書きかた」に現代日本語使用者はしらずしらずのうちになれている。その目で、その「心性」で、右のようなさまざまな「書きかた」にふれると、「なぜそういうことになっているか」「なぜ統一的でないか」という疑問がすぐにわく。疑問がわくのは当然ともいえるが、しかし日本語の「書きかた」は、そもそも、そういう「可能性」をもっているのであり、それがいわば自然なかたちで「発現」しているだけだとみることもできる。一つ一つのテキストがどうしてそう書かれたかを、テキストそのものから探ることは案外と難しい。結局は常識的な推測をするか、大胆な推測をするか、というようなことになる。だから、例えば、国立国会図書館蔵本が平仮名ばかりで書かれているのは、子供向けに書かれたのだ、という大胆な推測をしてもよい。しかし、国立国会図書館蔵本をどれだけ仔細に検討しても、その推測が妥当か妥当でないかの判断はできないだろう。そうであれば、この推測はどこまでいっても推測にとどまることになる。いろいろと推測することが楽しいという人もいるだろう。そういう人はいろいろと推測をしてみてよい。たしかにいえることに興味がある人もいるだろう。そういう人は「固い線」でふみとどまればよい。どちらにもおもしろみがある。そして両者のバランスがとれているとさらによいのではないかと思う。

# 第五章　漢字と平仮名・片仮名の併用

## 手書き＋印刷の時代

　第四章では鎌倉時代、室町時代について観察した。鎌倉時代、室町時代に印刷が行なわれていなかったわけではない。例えば、鎌倉時代には奈良の興福寺を中心として、後に春日版と呼ばれるようになった経典類（仏書）の印刷が行なわれていた。南北朝時代から室町時代にかけての頃には、室町幕府と結びついた五山を中心とした禅宗の寺院において、禅籍、儒書、漢詩文など幅広いテキストの印刷が行なわれていた。『大般若経』は転読のために、『妙法蓮華経』は読経のために、しばしば印刷されるようになっていった。『御成敗式目』や『融通念仏縁起』のような日本でつくられたテキスト＝国書も印刷されるようになる。室町時代には全国各地で印刷出版が行なわれていたといってよく、泉州《せんしゅう》堺の町人や周防《すおう》山口の大内家の出版などが知られている。しかしそうはいっても、やはり印刷出版されるテキストは限られており、総体としていうならば、この時代は「手書きの時代」といってよいと考える。

第五章では江戸時代について観察するが、江戸時代になると、(もちろん「手書き」は行なわれているが)室町時代と比して、印刷出版が安定して行なわれるようになり、「文字化」の手段の一つとして確立したといってよいだろう。つまり江戸時代は「手書き」と印刷とが併用された時代ということになる。

音節文字として「仮名」があり、その「仮名」に「平仮名」と「片仮名」との二種類があるというみかたはごく一般的なものであると思われるが、では、その「平仮名」と「片仮名」とはどのような「関係」にあると考えればよいだろうか。それぞれが独立した文字体系であるというみかたもごく一般的なものであろう。つまり、平仮名で書くのであれば、平仮名のみで書き、そこに片仮名を交えることはしない。江戸時代に書かれたもので一般的に目にするものはそのように書かれていると思われる。しかし、平仮名と片仮名とは絶対に混じないのかといえばそうでもなさそうである。

例えば、農業にかかわる文書を集めた「日本農書全集」という全三十五巻のシリーズが社団法人農山漁村文化協会を発行所として出版されている。このシリーズにはさまざまな文書が翻刻されて収められている。このシリーズをみていくと、平仮名と片仮名とが混じている文書が少なからずあることに気づく。例えば、第八巻には河内の八尾木村の木下清左衛門（一八一七—六三）が、綿作を中心とする農業技術を子孫のために書き残した『家業伝』と名づけられた一書が収められている。第八巻の口絵には、『家業伝』の「燕豆（エンドウ）」と「芋（イモ）之部」の箇所が写真版で掲げられている。写真によって「芋（イモ）之部」は「一、ヒカン春分之比、くましツミ立イキリ立中程能（ホトヨク）、アツキ時土ヲ二、三寸づゝ／ノセ、土之上へ芋ヲ横ニナラへ、芋之／腹（ハラ）之土中ゟ（ヨリ）見へ、少々出申位ニ積（ツミ）／フセ置へし」と書かれていることが確認できる。

出だしの「ヒカン春分之比」は「彼岸、春分のころ」を書いたものと思われるが、そうであれば、「ヒガン（彼岸）」という漢語を片仮名で書き、助詞「ノ」に「之」をあてて漢文風に書いている。その一方で、「クマシ」を平仮名で書く。『日本国語大辞典』第二版は見出し「くまし」を〈堆肥〉という語義の「方言」としてとらえている。『家業伝』においては、このような、平仮名と片仮名との交用が少なからずみられる。

平仮名と片仮名とを交用するという側からいえば、同じ「仮名」であるからそれが可能だということになる。また（現在のように）交用しないという側からいえば、音節文字であることは共通しているが、もはや異なる文字体系だから、交用はしないということになる。誤解はないと思うが、ここでいうところの「交用」は「併用」とは異なる。しかし、「交用」がひろく観察できるわけではないことからすれば、（原理的には可能であるが）一般的には「しない」ということとみるのが穏当であろう。「一般的には」はデフォルトとしては、と言い換えてもよいだろう。そういう観察も必要であると考える。

## 人情本の「工夫」

図16は天保十二（一八四一）年に出版された、為永春水作の人情本《にんじょうぼん》、『春色田家《でんか》の花《はな》』（五編十五冊）の初編上の一丁目、二丁目である。「人情本」という呼称を聞いたことがない、という方はむしろ少ないのではないだろうか。日本史で学習するかもしれない。例えば、小型の国語辞書である『集英社国語辞典』第四版では「江戸時代の後期に流行した小説の一つで、江戸町人の恋愛を中心に描いたもの」と説明されている。文政初年（一八一八）からあって、天保年間（一八三〇—四四）が最盛期であったと考えられている。「江戸町人の恋愛を中心に描いた」は「内容」についての謂いであるが、本の大きさからいえば、美濃紙四分の一の書型で、滑稽本とともに「中本《ちゅうほん》」と呼ばれた。また描写の傾向からいえば、「写実的」ということになる。図16を翻字しておく。行番号を通して附した。

春色田家《しゆんしよくでんか》の花《はな》一之巻

江戸　為永春水作

第一回

四海浪《しかいなみ》しづけき御代《みよ》の春《はる》の空花待人《そらはなまつひと》の豊《ゆたか》さも君《きみ》の恵《めぐみ》と
白雪《しらゆき》の野辺《のべ》に若菜《わかな》を摘《つむ》ころより梅《うめ》を尋《たづぬ》る風雅男《みやびを》の
心《こゝろ》はいかに安閑《のどか》なる霞《かすみ》と倶《とも》に家《いゑ》を出大師《いでだいし》詣《まうで》の路連《みちづれ》と誘引《さそひ》
合《あは》せし六七人新嬢年増《ろくしちにんしんぞうとしま》女の美麗《うつくしき》も入交《いりまじ》りしは兼々《かね〳〵》の
催《もよほ》しとこそ思《おも》はるれ　▲「サアこれからは田甫道《たんぼみち》だから何様《どん》なに
騒《さわい》でも往来《わうらい》の邪广《じやま》になりは仕《し》なひから鬼渡《おにわたし》でも隠身《かくれんぼ》でも
為《し》てお出被成《いでなせへ》　●「鬼《おに》わたしよりか箭口《やぐち》の渡《わた》しまではやく
行《いか》ふじやアねへかトいふを聞付《きゝつけ》て十六七才のお春《はる》といふ娘《むすめ》が
彼連《かのつれ》の人《ひと》にむかひ　はる「ヲヤ〳〵箭口《やぐち》のわたしといふ所《とこ》はアノ
浄留理《じやうるり》に語《かた》る所《ところ》の事《こと》かへ　●「左様《さう》サ　其箭口《そのやぐち》の事だはネ
はる「ヲヤ然《さう》かへ　其所《そこ》には今《いま》でも頓兵衛《とんべゑ》の家《うち》の跡《あと》があるかねへ
▲「あるのサ　今《いま》じやアお舩《ふね》の孫《まご》の代《だい》で今《いま》の家付内義《いゑつきかみ》さんも
モウ　二十七八才になるそふだがお舩《ふね》に似《に》て美麗《うつくしい》といふはなしだ

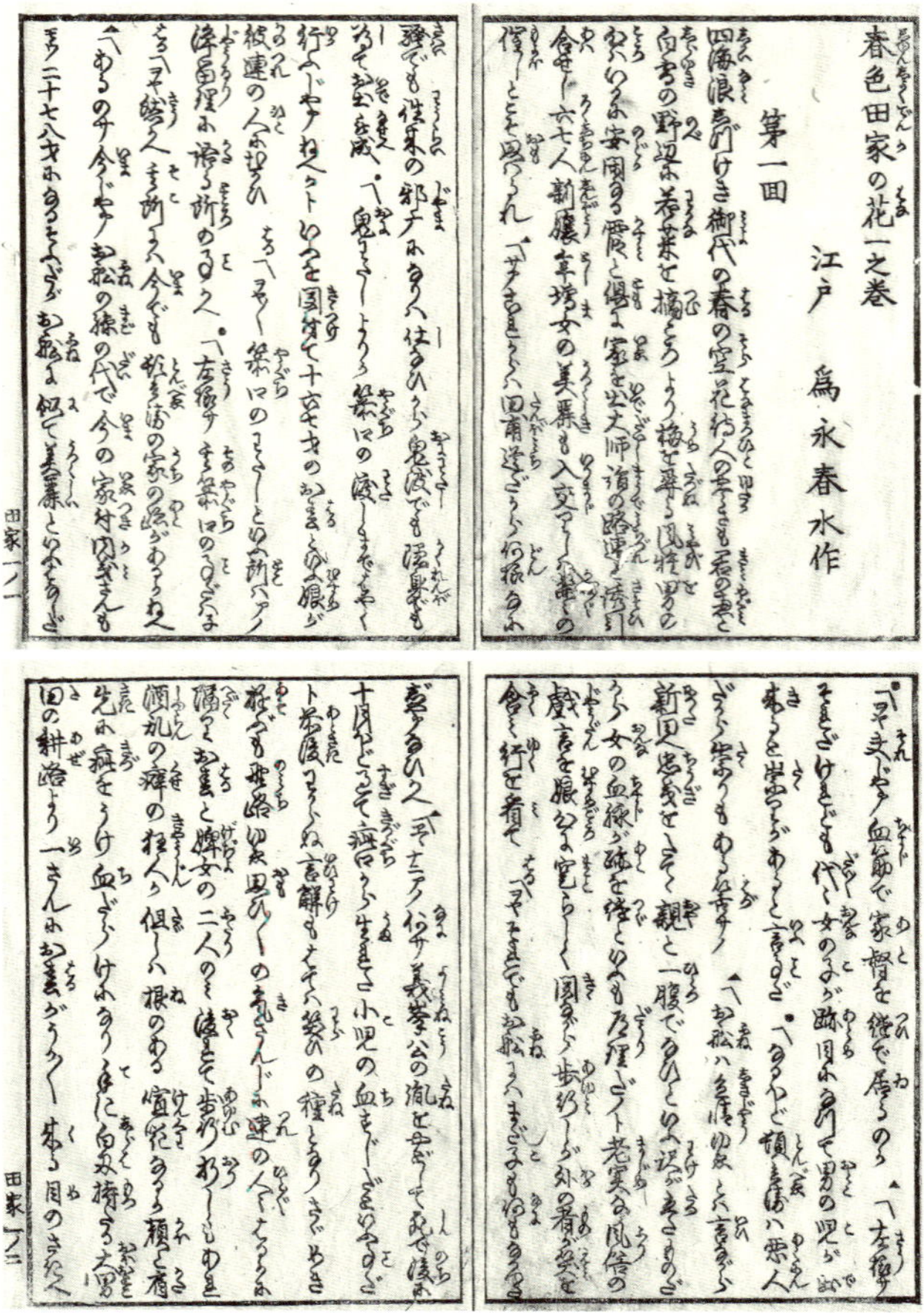
春色田家《しゆんしよくでんか》の花一之巻《まき》

第一回

江戸　為永春水作

田家 一ノ一

田家 一ノ二

図16　『春色田家の花』初編上の一丁目、二丁目

●「オヤ夫《それ》じやア　血筋《ちすじ》で家督《あと》を継《つい》で居《ゐ》るのか　▲「左様《さう》サ
それだけれども代々《だい〳〵》女の子《おんなこ》が跡目《あとめ》になつて男の児《おとこご》が出《で》
来《き》ると祟《たゝ》りがあると言事《いふこと》だ　●「なるほど頓兵衛《とんべゑ》は悪人《あくにん》
だから祟《たゝ》りもある筈《はづ》サノ　▲「お舩《ふね》は色情《しきじやう》ゆゑとは言《いひ》ながら
新田《にった》へ忠義《ちうぎ》をたてゝ親《おや》と一腹《ひとつ》でなひといふ訳《わけ》が立《たつ》たものだ
から女《おんな》の血脈《ちすじ》が跡《あと》を継《つぐ》といふも道理《だうり》だノト老実《まじめ》な風俗《ふり》の
戯言《じやうだん》を娘心《むすめごゝろ》に寔《まこと》らしく聞《きゝ》ながら歩行《あゆみ》しが外《ほか》の者《もの》が笑《えみ》を
含《ふく》み行《ゆく》を看《み》て　はる「ヲヤそれでもお舩《ふね》にはまだ子《こ》も何《なに》もなかつた
じやアなひかへ　▲「ヱ、　ナニアノ　何《なに》サ義峯公《よしみねこう》の胤《たね》をやどして死《しん》で後《のち》に」
十月ほど過《すぎ》て疵口《きづぐち》から生《うま》れた小児《こ》の血《ち》すじだといふ事《こと》だ
ト前後《あとさき》わからぬ言解《いひわけ》もはては笑《わら》ひの種《たね》となりさゞめき
遊《あそ》ぶも野《の》路《みち》ゆゑ　思《おも》ひ〳〵の気《き》さんじに連《つれ》の人々《ひと〴〵》はるかに
隔《へだゝ》りお春《はる》と脾女《げぢょ》の二人《ふたり》のみ後《おく》れて歩行折《あゆむおり》しもあれ
酒乱《しゆらん》の癖《くせ》の狂人《きやうじん》か但《たゞ》しは根《ね》のある喧嘩《けんくわ》なるか顔《かほ》と肩《かた》
先《さき》に疵《きづ》をうけ血《ち》だらけになり手《て》に白刃《しらは》持《もつ》たる大男《おほおとこ》
田《た》の耕路《あぜ》より一《いつ》さんにお春《はる》がうか〳〵来《く》る目《め》のさきへ

右では会話文の出だしに付けられている符号を（現代風に）鉤括弧に置き換えて表示しているが、符号の形は異なるものの、会話文の出だしに符号を附すことによって、会話文とそれ以外の文とを区別して表示しようという意識がはっきりしていることがわかる。しかも、右では「●」と「▲」に置き換えてあるが、そうした符号や「はる」という表示によって、会話文の話し手の区別も表示されている。このような「工夫」も「写実的」ということを支えているといってよい。

08「サア」や14「ヲヤ」のような感動詞、15「あるのサ」の「サ」のような間投助詞、17「じやア」の「ア」のような発話に際して長音化した音などを片仮名で書き加えている。例えば、19〜20「なるほど頓兵衛は悪人／だから祟りもある筈サノ」は非会話文であれば、「頓兵衛は悪人だから祟りもある筈（だ）」と「書きことば化」してもよい。それを「〜筈サノ」と「書きことば化」することによって、会話文に近づく。「ダ」ではなく「サノ」を使うという点からいえば、これは文末表現にかかわる語の選択、ということになるが、「ある筈」に「サノ」という表現を付加して「話しことば化」したとみることもできる。「書きことば」で使う語を「話しことば」で使う語と一気に入れ替えるのではなく、これまで使ってきた「書きことば」を基調として、そこに「話しことば」的な要素を付加することで、「話しことば」風に仕上げるのは自然な「いきかた」にみえる。その付加した要素を片仮名で書くということで、その片仮名部分を見なければ、全体は従来どおりの「書きことば」、その片仮名部分をよく見れば、全体が「話しことば」風、というのが右の「表記体」ではないだろうか。付加した部分は片仮名で書くことによって、はっきりとする。これは「漢字平仮名交じり」における「工夫」といえよう。

現代日本語においては、漢字、平仮名、片仮名を交ぜ用いることがごく一般的である。例えば、「英語では、グローバル社会で求められるコミュニケーション能力を重視。英検やTOEICなど民間の試験を想定し、4技能を評価する方式に大きく転換する」（二〇一七年五月十七日『朝日新聞』）というような書きかたに「違和感」を感じる人はいないだろう。それだけ、日常的であるということだ。右では、漢字平仮名交じりを「基調」として、外来語を片仮名で書き、それにアルファベット、算用数字も交じる。こうした書きかたになじんでいると、平仮名と片仮名とを交ぜ用いることについては当然と感じてしまうであろうが、実はそれはいわば「珍しい」ことであった。江戸時代は、そうした平仮名と片仮名とを交ぜ用いるということがいろいろな「場面」で徐々に行なわれていった時代でもある。

12～13「「ヲヤ〳〵箭口《やぐち》のわたしといふ所《とこ》はアノ／浄留理《じやうるり》に語《かた》る所《ところ》の事《こと》かへ」では「トコ」「トコロ」という二つの語形が使われている。なぜ隣接して二つの語形が使われているか、という理由を推測するのではなく、「トコロ」を一方に置き、それを標準語形とみれば、幾分なりとも非標準的な語形といえる「トコ」が使われていることに着目したい。それはもちろん、「話しことば」においてはそうした語形が使われていたということに尽きるが、その「話しことば」語形を「書きことば」内に持ち込むことによって、「話しことば」風を仕立てていくという「工夫」であろう。そしてそれを「とこ」と書くのではなく、「所《とこ》」と書いていることにはさらに注目しておきたい。「話しことば」において「トコ」という語形がどれほど使われていたとしても、それをそのまま平仮名で「とこ」と書くことはできない、ということではないだろうか。この時期には、それだけ、標準的な「書きことば」ができあがっていた。「書きことば」で使う語形は「トコロ」で、それを漢字で書くのであれば、「所」あるいは「處」であったはずだ。安定的な「書きことば」を背景にして、「話しことば」風、写実的描写を展開させるしかない。それが「所《とこ》」という書きかたではないか。漢字「所」が結びついている和語は「トコロ」であるから、「所《とこ》」

と書くことによって、非標準的語形「トコ」は漢字「所」を媒介にして、標準的語形「トコロ」と結びつく。これは漢字「所」を「トコ」と読ませているなどということとはまったく違うことである。どのような書きかたを背景にして右のような書きかたが成り立っているか、という視点がなければ、分析はきわめて現代寄りになってしまう。

　少し「話しことば」風ということを離れてみよう。右の範囲では、漢字を使って日本語を書くということが「熟成」してきていることを思わせることが幾つかある。漢字の字体ということでいえば、09「邪广《じやま》」がまず目をひく。改めていうまでもなく、これは漢語「ジャマ（邪魔）」を書いたものであるが、「魔」が省略された形で書かれている。省略ということでいえば、15「内義《かみ》さん」、21「忠義《ちうぎ》」の「義」が相当に省略された形になっている。もちろん全体は行書寄りに書かれている。「行書寄り」は、楷書に近い形も使われているし、草書に近い形も使われているので、行書を基調としていることの謂いである。「義」の行書の形ととらえればそれでいいともいえるが、省略した形ではある。楷書に近い形、行書、草書に近い形が一つの文献の版面にすべてみえている、ということも「熟成」の一つとみたい。一つの文献で使われている漢字字体（のバリエーション）については、あまり注目されないけれども、楷書一辺倒、草書一辺倒で書かれた文献は案外とないのであって、よく使う漢字の形は省略されやすいということをもとにして、漢字字体もひろがりをもって使われているということには留意しておきたい。それは現代の町なかをみてもわかる。篆書《てんしょ》を使ったロゴもあれば、隷書《れいしょ》もある。楷書はもちろんであるが、行書や草書もあるといったように、さまざまな漢字字体が使われている。それはロゴ、すなわちデザインであるとみることもできるが、それでもさほど「違和感」なくそれらを受け入れることができる。日本語の中で使われる漢字の発音には、呉音、漢音、唐宋音などがある。これは中国においては、使われた時期や地域が異なる発音で、「共存」することがない。しかし日本ではそれがいわば「蓄積」されている。さまざまな漢字字体が「共存」していることもそれと似た現象にみえる。

## 平仮名と片仮名との役割分担

図17は寛政四（一七九二）年九月に刊行された、俗語雅語対訳辞書『詞葉新雅《ことばのしんが》』である。富士谷御杖《ふじたにみつえ》の著作で、凡例にあたる「おほむね」には、歌作にあたって、この本が出版された江戸時代の「話しことば」＝「里言」から「古言」＝歌作にふさわしい過去のことばを探し出すことができるように編集されていることが述べられている。現代語からひける古語辞典のようなものと思っていただければよいだろう。そして「古言里言の別は、かんなと片仮名をもてしらす」と記されており、「かんな」＝平仮名で「古言」、片仮名で「里

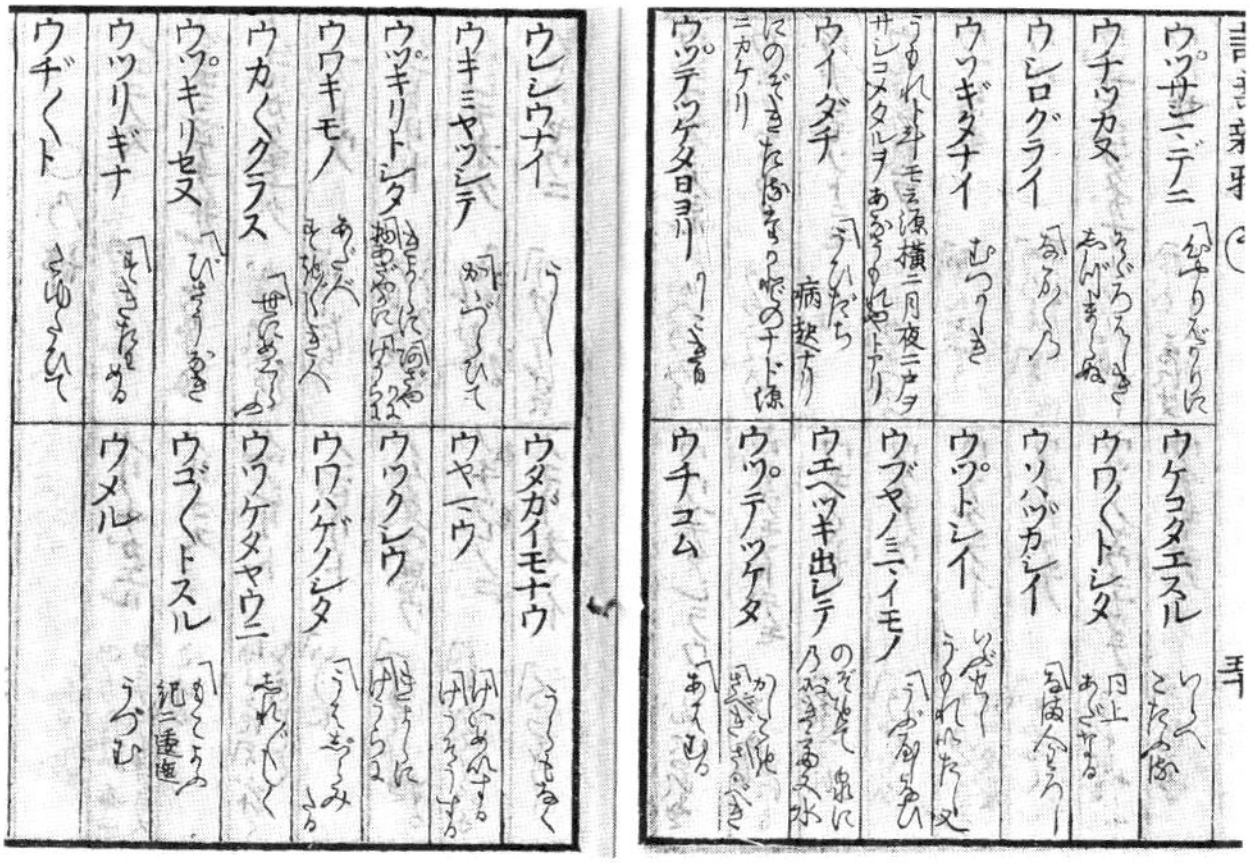

図17　俗語雅語対訳辞書『詞葉新雅』

言」を表示することが意識的になされていることがわかる。一行目の下では、「ウケコタエスル」が見出しとなっていて、それに「いらへ／こたふる」という説明が附されている。見出しとなっているのが「里言」で、「いらへ／こたふる」が「古言」ということになる。先に述べたように、このように、平仮名と片仮名とが併用されることは江戸時代にはあまり多くない。

　さて、右側のページ一行目の上では見出し「ウツサンマデニ」の「ツ」の右横に白い小さな丸印（圏点）が附されている。よくみると、四行目の下「ウツトシイ」、七行目の下「ウツテツケタ」、八行目の上「ウツテツケタ日ヨリ」、左側のページ三行目の上「ウツキリトシタ」、六行目の上

「ウツキリセヌ」の「ッ」の右横にも同様の丸印が附されている。これらは、促音を表わしていると思われる。つまり「ッ」ではなくて、促音であることを符号によって積極的に示そうとしている。こうしたことは、言語を反省的あるいは観察的にとらえていることを思わせる。江戸時代は過去の日本語について、反省的にとらえることができるようになった時代である。古代の日本語についての研究も盛んに行なわれた。後の時期のことであるが、ちなみとしていえば、明治四(一八七一)年十一月に「あ部」が刊行され、以下、明治十七年七月に「え部」が刊行されたものの未完に終わった国語辞書『官版語彙』においては、促音に「小黒圏」を附しており、圏点を使って促音を表示する「方法」は後代に伝えられている。

## 口語訳された『古今和歌集』

図18は本居宣長の著作である『古今集遠鏡』で、寛政九(一七九七)年に六巻仕立てで出版された。真名序と長歌とを除いた『古今和歌集』の全歌を、「いまの世の俗語《サトビゴト》に譯《ウツ》」したもので、「俗語《サトビゴト》」は出版当時の「話しことば」と考えればよいだろう。『古今和歌集』の成立は十世紀だから、十世紀の和歌を構成している日本語を、十八世紀末期の日本語、しかも「話しことば」に置き換えたものということになる。

図18には三番歌「春霞たてるやいづこみよし野のよしの丶山に雪はふりつ丶」と四番歌「雪のうちに春は来にけりうぐひすのこほれる涙いまやとくらむ」とが示されていて、それぞれに「春ガキテ霞ノタツタハドレドコヂヤゾ　見レバ吉野山ニハマダ雪ガフッテ／ナカ〳〵春ノケシキハ見エヌガ」、「マダ雪ノツモツテアル処ヘ春ガキタワイ　コレデハ鶯ノ氷ツタ涙モモウトケルデアラウカ」という口語訳が添えられている。

『古今和歌集』の和歌は平仮名漢字交じりで書かれ、口語訳は片仮名漢字交じりで書かれている。ここでも、平仮名と片仮名とが、いわば「機能分担」をしている。四番歌の口語訳においては、「春ガキタワイ」の「ワイ」の右横には平仮名で「けり」、「アラウカ」の右横には「らん」「や」と書かれており、口語の「ワイ」が古語の「ケリ」、口語の「アラウ」「カ」がそれぞれ古語の「ラン」「ヤ」に対応していることが念を入れるようなかたちで示されている。ちなみにいえば、口語訳で傍線が施されている箇

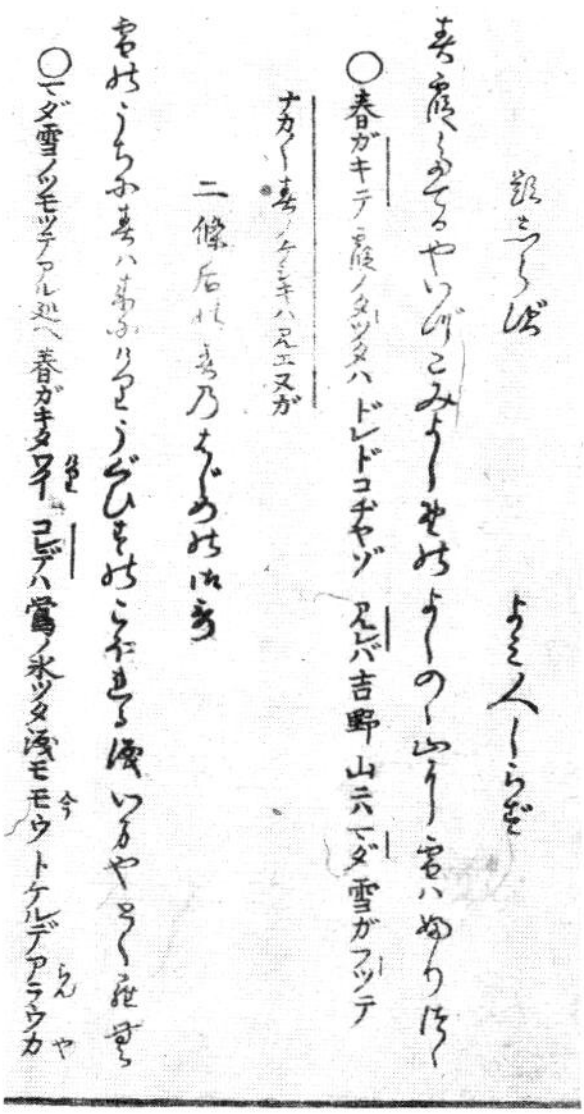

図18　『古今集遠鏡』

所は、和歌において言語化されていない「情報」である。このことは宣長によってきちんと述べられており、宣長が十分な意識と準備のもとに、口語訳を示していることが窺われる。

さて、図18の漢字字体をみてみよう。三番歌の和歌には「春」「霞」「野」「山」「雪」と五つの漢字が使われているが、いずれも楷書体ではなく、行書体もしくは草書体で書かれている。その口語訳には「春」「霞」「見」「吉」「野」「山」「雪」「春」「見」と九つの漢字が使われているが、「霞」「見」「春」「見」は行書体であろうが、それ以外は楷書体で書かれている。このことにも注目しておきたい。

片仮名は漢字とともに使用される。その場合、漢字はほぼ楷書体であるので、片仮名も連綿はしない。連綿する平仮名とともに使われる漢字は、そのような平仮名と親和するために、行書体あるいは草書体のかたちで、平仮名とともに使用される。それが図18に現われていると考える。漢字片仮名交じりで書かれたテキストが「漢文」につながる場合は、その漢字は楷書体（にちかいかたち）を採るのが一般的ではないだろうか。

例えば、平康頼（一一四六?——一二二〇）が著わしたと考えられている『宝物集』というタイトルの説話集がある。慶長年間（一五九六——一六一五）頃に出版されたと推測されている漢字片仮名交じりで印刷されている古活字版と、寛永年間（一六二四—四四）頃に出版されたと推測されている平仮名漢字交じりで印刷されている古活字版とがある。漢字片仮名交じりで印刷されているテキストの漢字字体は楷書体、平仮名漢字交じりで印刷されているテキストの漢字字体は、（稀に楷書体もないではないが）おおむね行書体もしくは草書体である。現在は、印刷物はほとんどが楷書体の一つ、明朝体で印刷されているので、漢字字体について意識することが少ないかもしれない。それでも、町なかに出れば、さまざまな漢字字体が使用されている。

## 楷書体が支える漢字文字概念

図19はイエズス会の宣教師が慶長三（一五九八）年に長崎で刊行した『落葉集』と名づけられた一書である。図19は天理図書館善本叢書和書之部第七十六巻『落葉集二種』（一九八六年、八木書店）から引用させていただいた。豊島正之は「日本の印刷史から見たキリシタン版の特徴」（『キリシタンと出版』二〇一三年、八木書店）において「一五九八年のうちに、日本イエズス会は二千五百字を越える漢字活字の新鋳に至り、それらの「総数見本帳」として、漢字字書「落葉集」を刊行した」と述べている。

図でわかるように、漢字は楷書体ではなく、行書体もしくは草書体にちかい字体で示されている。そこまではもちろん気づいていたが、筆者はこれまで『落葉集』を漢和辞書の

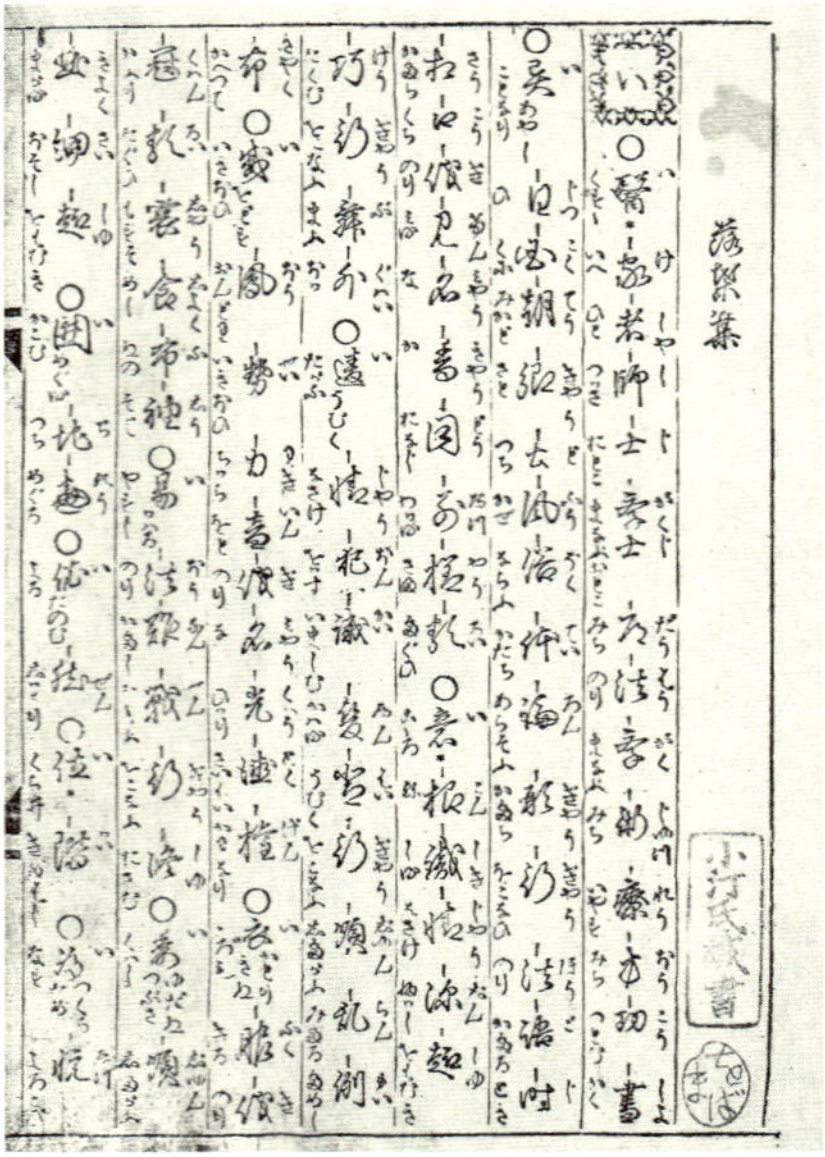


図19 『落葉集』

一つととらえ、そのように呼んできた。しかし、漢字が楷書体で示されていないことを、「実際に流通している漢字字体にちかい字体」を示した、ととらえるだけでよかったか、という疑問が今回本書を書いている間に生じてきた。豊島正之も「漢字字書」という表現を使っている。しかし、『落葉集』は豊島正之いうところの、漢字活字の「総数見本帳」ととらえるのがもっともふさわしいのではないだろうか。『落葉集』を「漢字字書」として使うことはもちろんできるし、「漢和辞書」と呼ぶことも「的外れ」とまではいえない。しかし、もっともふさわしいとらえかたは、活字の見本帳ではないか。なぜ、筆者がそのように思うようになったかといえば、やはり「漢和辞書」と呼ぶことができるような辞書は、古くからずっと楷書体によって漢字を示しているからだ。それは手書きであってもそうである。例えば、平安時代初期の昌泰年間（八九八―九〇一）に昌住という僧侶によって編まれた日本最初の漢和辞書『新撰字鏡』は天治元（一一二四）年に書写された「天治本」と呼ばれるテキストが残っている。その「天治本」は手書きされているが、見出しとなっている漢字はほぼ楷書体で書かれている。つまり、手書きをすれば、いついかなる時でも漢字は行書体もしくは草書体で書かれるということではない、ということだ。

それは、楷書体によって、漢字の「概念」を与えようとしているからではないかと思うに至ったからだ。漢字に関して「書体」と「字体」との関係をどうとらえるかということには議論がある。書体ごとに字体概念があるという考えかたがある一方で、それには与《くみ》しない考えかた、すなわち字体にデザインのようにかぶさってくるのが書体だという考えかたがある。ある漢字をそういう漢字だと認識する「文字概念」は一つという考えかただ。筆者はどちらかというと、その考えかたを採ってきたが、今回、よりその考えかたがいいのではないかと考えるに至った。楷書体は、漢字を構成している要素（コンポーネント）が明確に示されている。それによって字体を認識するのがやはりわかりやすそうだ。

図20は天保十三（一八四二）年に出版されたと思われる『増補早引二体節用集』という題名のハンディな辞書の「も」部末と「せ」部冒頭である。この辞書は、まず、一拍目に

図20　『増補早引二体節用集』

あてる仮名によって見出しを「いろは」分類をし、さらにその内部を、仮名書きした場合の仮名文字数によって、「も七」「せ一」「せ二」のように分けている。例えば、「も七」には「惆帳《もだへこがる、》」という見出しがみえているが、「もだへこがるゝ」が仮名七字に相当するので、「も七」に収められることになる。「も七」の「増字」には「不知毛頭《もうとうしらず》」とあって、「もうとうしらず」がやはり仮名七字に相当している。現代の「感覚」だと「いやいやちょっと待ってください」ということになるかもしれない。「モウトウシラズ」という、語という言語単位を超えた見出しがこの辞書に収められていることを知らないと、この見出しにはたどりつきにくいのではないか、とすぐに思う。そもそも、この辞書には「語義」が記されていない。となると、これはある語句にどのように漢字をあてるか、ということを調べるための「表記辞典」なのだろう、という推測がすぐにできそうだ。たしかにそのように

「使う」こともできる。しかし、筆者は、そのような、現代風にいえば「実用的」な場面でのみこうした辞書が「使われた」のではないのではないか、と考えている。

## 語の壮大な旅《グレートジャーニー》

「実用的」だって定義が必要だろう。「も七」には「神桃《もゝのきまもり》」という見出しがある。『日本国語大辞典』第二版は、見出し「もも」の条下に、「もものきまもり」の記事を掲げていない。『大漢和辞典』は見出し「神」の条下に「シントウ（神桃）」を掲げ、「桃の實の、冬を經て落ちないもの。きまもり。桃梟」と説明している。「モモノキマモリ」という、日常的な言語生活の場面で、あまり使われそうでもない語句の、その書きかたを調べるために、この辞書を調べるということがどれだけ「実用的」という概念と結びつくだろうか。もしも、結びつくという「側」からいうのであれば、そのような「実用的」とはどのような「実用」とみればよいか、ということである。そのように考えれば、少なくともこの辞書が集積している「情報」は実用一辺倒ではない、ということはいえるだろう。実用一辺倒ではない辞書を「実用的」と呼んでしまうとすれば、それは相当に粗いとらえかたであるといわざるをえない。そして、その粗さは、精密な分析や考察からは、遠ざかる粗さだ。図20の三行目には「哲顔《ものしりがほ》」という見出しがある。漢字「哲」には「さとい」「知る」という字義があるので、漢字列「哲顔」と和語「モノシリガホ」とは、語義において対応がありそうだ。だから両者が結びつくことは理解できる。しかし、『大漢和辞典』の「哲」字の条下には、「テツガン（哲顔）」は掲げられていない。「テツガン（哲顔）」という漢語はあるのかないのか。このような見出しに遭遇すると、この見出しは、どういう「道筋」をたどって、この節用集の見出しとしてとりこまれたのだろう、と思う。「壮大な」というと大げさに聞こえるかもしれないが、筆者にとっては、それは語の「壮大な旅」のように感じる。この辞書がどのような語句を見出しとしているか、という考察をする場合、「素性」がわかりやすい語を集めて、それらの共通性に着目して、「こういう語句を見出しとしている」という結論を得る「方法」がある。「小異を捨てて大同につく」とくくってしまっていいかどうかわからないが、そういうような「方法」である。一方、先の「不知毛頭《もうとうしらず》」や「哲顔《ものしりがほ》」のような、「君たちはどうやってここまで来たの?」と思わず問いかけたくなるような見出しと丁寧に付き合って、結局ははっきりしたことがわからないにしても、その丁寧な付き合いの中から、何か少しでもわかろうとするという「方法」もあるのではないか、と思う。というよりは、最近はよくそう思う。

さて、『増補早引二体節用集』の書名に含まれている「二体」について考えてみよう。この「二体」は漢字の「楷書体」と「行書体もしくは草書体」とをさす。「行書体もしくは草書体」は曖昧な表現に思われるだろうが、両者を截然と区別することは難しい場合がある。したがって、「楷書体」とそうでない「書体」ととらえた方がよいかもしれない。「楷書体」を「真」と呼ぶことがある。例えば、寛永十五（一六三八）年には『真草二行節用集』という書名の「節用集」が出版されている。大きく草書体で書いた見出しの左側にややこぶりに楷書体＝真を添えている。例えば、「雷公《いかつち》」（漢字は草書体で書かれている）の左側にさらに「雷公」と楷書体＝真を添えている。そして、いわばそれで「終わり」だ。それ以外の「情報」は示されることがない。せっかくあるスペースを草書体と楷書体とで使ってしまうのだから、このタイプの「節用集」の「興味」はそこにある、とみるしかない。

漢字を手書きする場合には、どちらかといえば、「楷書体」ではなく、「非楷書体」とでもいえる「行書体もしくは草書体」で書いていた時期においては、「行書体もしくは草書体」と「楷書体」とを結びつけることに一定の「価値」あるいは「興味」があったということであろう。そして、ここでは振仮名が平仮名で施されていることに注意しておきたい。つまりこれは、「漢字平仮名交じり」で書く場合の漢字の書きかたであったということであろう。「漢字平仮名交じり」がデフォルトとなれば、そこでは、漢字は必然的に「行書体もしくは草書体」で書くことになる。そうした時期にいわば「突入」していくにあたって、「行書体もしくは草書体」と「楷書体」とを結びつけるタイプの辞書が出版された、ということではないだろうか。それは振仮名にも現われているようにみえる。行書体もしくは草書体で書かれた「本行」の漢字には平仮名で振仮名が施され、左側に小ぶりに書かれた楷書体の漢字には片仮名で振仮名が施されている。「行書体もしくは草書体＋平仮名」「楷書体＋片仮名」は、平仮名、片仮名のたどってきた「道筋」を示しているようにみえる。

楷書体……………漢文の世界・漢字片仮名交じり
行書体もしくは草書体……和文の世界・漢字平仮名交じり・手書きの世界

日本の歴史は「和漢の歴史」といってよいと考える。その「和漢」はもちろん「日本／中国」ということであるが、文化面においても言語面においても、「和漢」の交渉とその結果としての「ない交ぜ」が日本の歴史に彩りを与えてきた。そうした状態は江戸時代で終わるわけではなく、明治時代にも続いていき、「漢字片仮名交じり／漢字平仮名交じり」のどちらをデフォルトとして選択するかという、その「選択」は明治時代に行なわれたといえようが、江戸時代には、「和文の世界」という限定した世界をやや離れ、「漢字平仮名交じり」が一定の勢力をもち「選択肢」になったと考えることができるのではないか。

図21は文政九（一八二六）年三月に出版された『［増広／字便］倭節用集悉改大全』という題名の厚冊の「節用集」である。「り部」の末尾と「ぬ部」の冒頭の三行にあたる。ほんとうはもう一行あるのだが、あまりに厚いためにきれいにスキャンすることが難しいので省いた。それくらい厚い。この「節用集」は集めた語句を「乾坤」「時候」「官位」「人倫」「食服」「支体」「草木」「器財」「神仏」「気形」「名字」「数量」「言語」の十三門に分けて収めている。

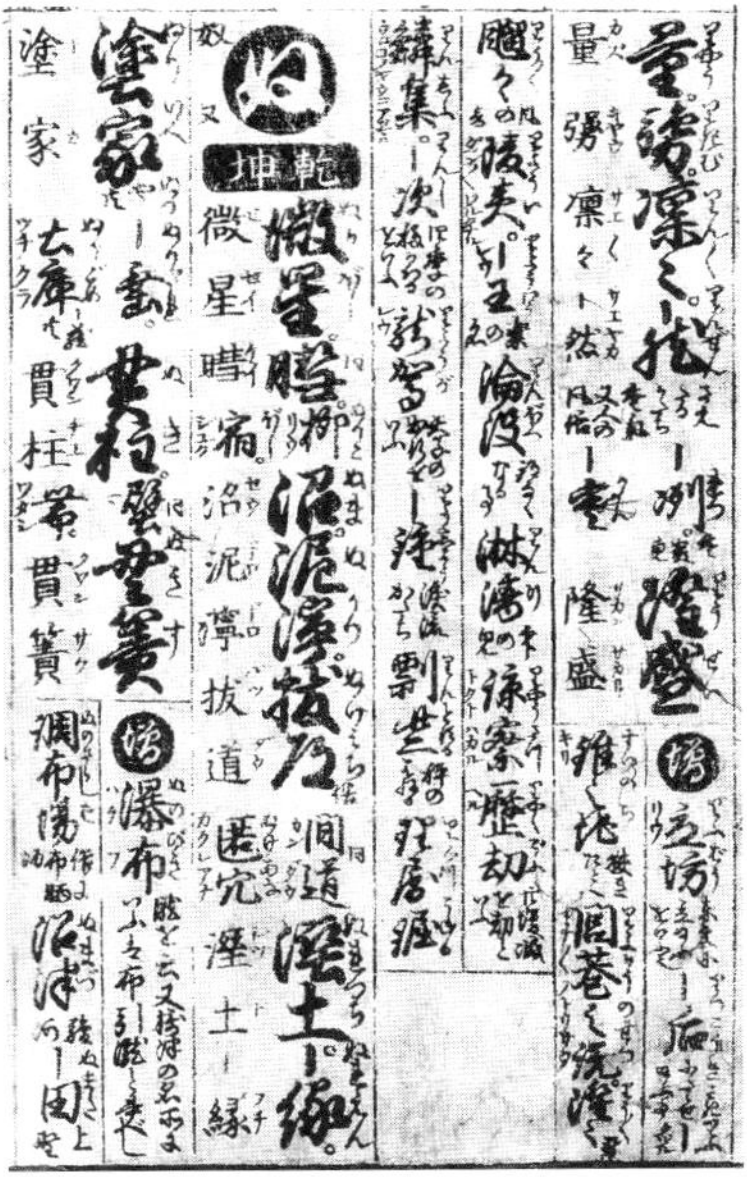

図21　『［増広／字便］倭節用集悉改大全』

「ぬ部」の冒頭「乾坤」門の最初には「微星《ぬかぼし》」という見出しがみえている。この「節用集」は図でわかるように、「本行」に行書体もしくは草書体の漢字で書いたかたちを見出しとして示し、その左傍に楷書を添える。この見出しでは、楷書で書いた「微星」

に「ビ」「セイ」という漢字の音が片仮名の振仮名で施されている。『大漢和辞典』は「微」の条下に「微星」を掲げていない。さて「ヌカボシ」を『日本国語大辞典』第二版で調べると、見出しとなっており、「夜空にちらばっている無数の星。星くず。名もない小さな星々」と説明されており、『書言字考節用集』では、「微星」の次に示されている「暳」字と「ヌカボシ」とが結びついていることもわかる。見出し「暳」の右、振仮名の位置には「同」とあるので、ここでも「ヌカボシ」と「暳」字が結びついていることがわかる。その次の見出し「柳宿」には「ぬりこぼし」という振仮名が施されている。「柳」「宿」字の左傍には片仮名でやはり（音と思われる）「リウ」と「シユク」とが添えられている。次の次の見出しは「泥濘《ぬかり》」で、左傍には「泥《ドロ》」「濘《ドロ》」とある。ここで「デイネイ（泥濘）」という漢語が存在していることを示してもよさそうであるが、それはしていない。次には「抜《ぬけ》道《みち》俗」とある。その下には「間道」とありその左傍には「匿穴《ぬけあな》」とあり、「匿」字の左傍には「カクレ」、「穴」字の左側には「アナ」とある。このことからすれば、和語「ヌケアナ」にあてる漢字列がまず「匿穴」であることが示され、その漢字列を構成する単漢字「匿」「穴」の字義（あるいは和訓）がそれぞれ「カクレ」「アナ」であることが左傍に示されているとみるのがよいだろう。和語「ヌケミチ」にあてる漢字列が「抜道」「間道」と二つ示されているのは、「書きかたのバリエーション」の提示であろうが、それを媒介にして、和語「ヌケミチ」と少し語義が重なる和語「ヌケアナ」が示されている。

ここでは片仮名は単漢字の「発音」を示す場合に使われている。その「発音」には現代風にいえば、「音」と「訓」とがある。現代は「音」を片仮名、「訓」を平仮名で示すこともあるが、ここではむしろ単漢字の「発音」として「音」と「訓」とが一つにくくられているようにみえる。それが当該時期の自然なとらえかたなのであろう。そういうことを窺うこともできる。そして平仮名は見出しの「発音」を示している。見出しには漢語もあれば和語もある。図の一行目には「隆盛《りうせい》」がみえているが、これは漢語である。右で話題にした「微星《ぬかぼし》」や「泥濘《ぬかり》」の「ヌカボシ」「ヌカリ」は和語である。

江戸時代の言語生活を考えれば、「話しことば」内に多くの漢語が使われるようになっていた。一方、「文字社会」は拡大し、文字を操る人の数は鎌倉・室町時代と比べた場合に飛躍的に増えたことが推測される。過去の日本語に対する意識もはっきりとしている。つまり言語生活そのものの「幅」が相当にあった。漢語と和語、漢字と仮名（平仮名・片仮名）とがフル稼働しているのが『倭節用集悉改大全』のような、厚冊の「節用集」であったといってよい。

## 三つの漢楚軍談

図22は、明代に中国で成った『西漢通俗演義（西漢演義伝）』八巻を翻訳したもので、元禄八（一六九五）年に出版された『通俗漢楚軍談』（全十五巻二十冊）の巻二の冒頭箇所である。秦末の乱れから漢と楚との争いを経て、漢が天下を統一するまでの経緯を描き出している。江戸時代にひろく読まれ、都賀庭鐘や滝沢馬琴らの「読本」作者にさまざまな影響を与えたことがわかっている。図23は「漢字片仮名交じり」で書かれた、図24は「漢字平仮名交じり」で書かれた、その写本である。図23、図24の翻字を示す。

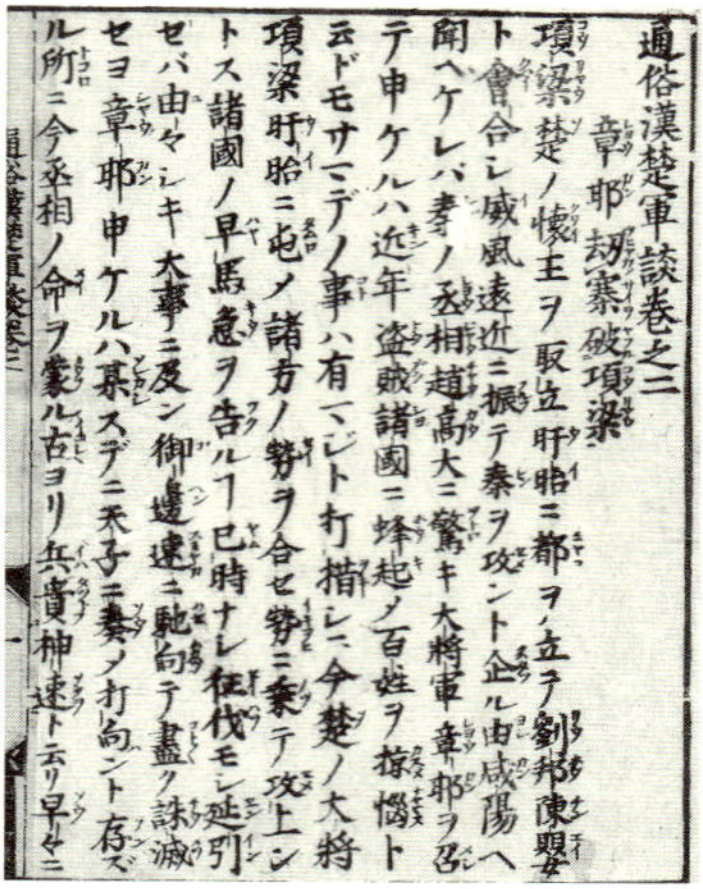
通俗漢楚軍談巻之二
章邯刼寨破項梁
項梁楚ノ懐王ヲ取立盱眙ニ都ヲ立テ劉邦陳嬰
ト會合シ威風遠近ニ振テ秦ヲ攻ント企ル由咸陽ヘ
聞ヘケレバ二世ノ丞相趙高大ニ驚キ大将軍章邯ヲ召
テ申ケルハ近年盗賊諸國ニ蜂起ノ百姓ヲ掠悩ト
云ドモサマデノ事ハ有マジト打措レシニ今楚ノ大将
項梁盱眙ニ屯ノ諸方ノ勢ヲ合セ勢ニ乗テ攻上ン
トス諸國ノ早馬急ヲ告ルコト已時ナレ征伐モシ延引
セバ由々シキ大事ニ及ン御邉速ニ馳向テ盡ク誅滅
セヨ章邯申ケルハ某スデニ天子ニ奏ノ打向ント存ズ
ル所ニ今丞相ノ命ヲ蒙ル古ヨリ兵貴神速ト云リ早々ニ

図22 『通俗漢楚軍談』巻二、冒頭

01 通俗漢楚軍談巻之二
02 章邯刼寨破項梁
03 項梁楚ノ懐王ヲ取立盱眙ニ都ヲ立テ
劉邦陳嬰ト會合シ威
04 風遠近ニ震テ秦ヲ攻ントスル企ル由

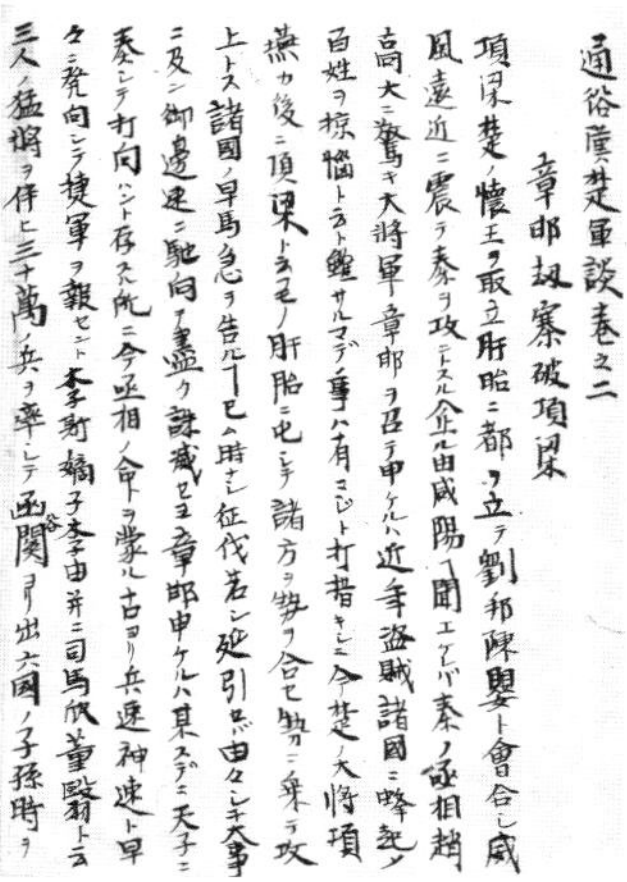

図23　同書　漢字片仮名交じり写本

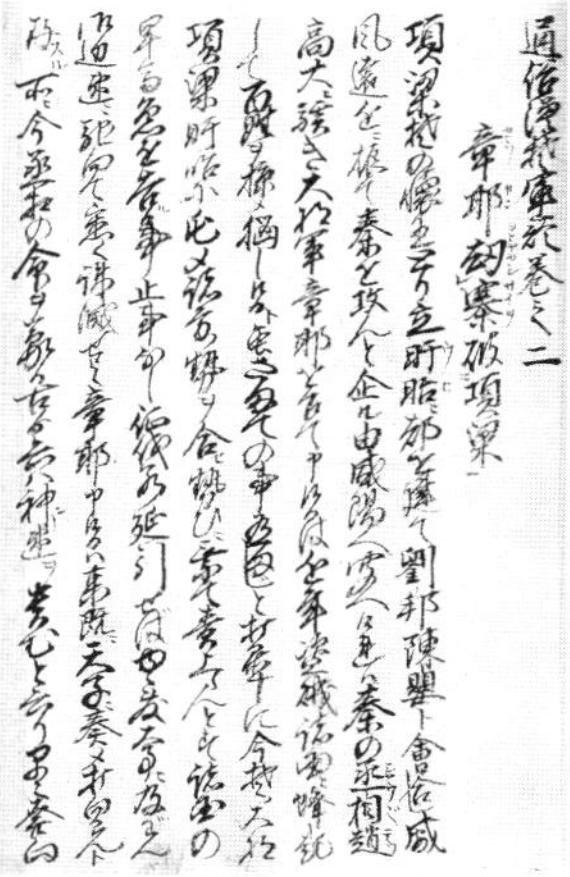

図24　同書　漢字平仮名交じり写本

咸陽へ聞エケレバ秦ノ丞相趙
05 高大ニ驚キ大将軍章邯ヲ召テ申ケル
ハ近年盗賊諸國ニ蜂起シテ
06 百姓ヲ掠悩ト云ト雖サルマデノ事ハ
有マジト打措キシニ今楚ノ大将項
07 燕カ後ニ項梁ト云フモノ盱眙ニ屯シ
テ諸方ヲ勢ヲ合セ勢ニ乗テ攻
08 上トス諸國ノ早馬急ヲ告ルコト已ム
時ナシ征伐若シ延引セバ由々シキ大事
09 ニ及ン

01 通俗漢楚軍談巻之二
02 章邯劫　寨《セウカンヲヒヤカシサイヲ》　破項梁
03 項梁楚の懐王とり立盱眙ニ都を建て
劉邦陳嬰ト會合し威
04 風遠近ニ振て秦を攻んと企ル由咸陽

へ聞へけれは秦の丞相趙
05 高大ニ駭き大将軍章邯を召て申けるは近年盗賊諸國ニ蜂起
06 して百姓ヲ掠シテ悩しけるト雖さまての事有まじと打置しに今楚ノ大将
07 項梁盱眙に屯シテ諸方ノ勢ヲ合セ勢ひニ乗て責上らんとす諸国の
08 早馬急を告ル事止事なし征伐若延引せばゆゝ敷大事ニ及ばん

「漢字片仮名交じり」で書かれた写本は少し「本文」が異なる箇所があるが、元禄八年の版本を写したものとみてよいだろう。図でわかるように、版本には振仮名が施されているが、両写本とも、振仮名を版本と同じように写そうとはしていないようにみえる。「漢字片仮名交じり」で書かれた写本は末尾に「明治廿四年一月写之」と記されており、明治期に写されたものであることがわかる。ちなみにいえば、筆者はこの写本一冊を、大学のそばで時々行なわれている古書展に、指導している大学院生と一緒に寄って、二〇〇〇円で購入した。たった一冊の写本であるが、こうしてそれをみているといろいろなことを思う。まず思うのは、振仮名がないと現代の人はかなりよみにくいだろうということだ。「盱眙」は中華人民共和国江蘇省淮安市に位置する県で明祖陵があることで知られている。現在は「クイ」と発音するようであるが、版本には「ウイ」と振仮名が施されている。いずれにしても、現代の人に馴染みのある地名とはいえないだろう。筆者は大学に勤務しているので、こういう時に、「現代の大学生あるいは大学院生はこの写本をこのままでどのくらい読める＝発音できるだろうか」と思う。それは明治二十四（一八九一）年にこの本を写した人のリテラシーと現代の大学生あるいは大学院生のリテラシーとを比較するということでもある。明治二十四年にこの写本を写した人は、このままで十分、つまり振仮名を写さなくてもよい、と判断したのだろう。やはり両者の間にはかなりの差があるように感じる。現代の人が「よみにくい」と思うような明治の文献が明治期においてもよみにくかったどうか。そのあたりは慎重に考える必要がありそうだ。

「漢字平仮名交じり」で書かれた写本は図24でわかるように、振仮名を片仮名で施し、「本文」のところどころに片仮名を使う。その片仮名はあたかも漢文に添えられた訓点のように記されており、この写本の「書き手」の脳裏においては、版本の「向こう側」に漢文で記された「通俗漢楚軍談」がみえているかのような印象を受ける。そういうものかもしれないと思う。版本は漢文を書き下したようなかたちで書かれているが、漢文に通じている人は、そうした「漢文訓読文」風の文章の背後に「漢文」がみえるのではないだろうか。それは英語に通じている人が、英語を翻訳した文章の背後に英語の原文がみえるのと同じような現象であろう。つまり、漢文に通じ、漢文訓読が自由にできる人物は、「漢文」

と「漢文訓読文」との間を自由自在にいきできる。両者の間に「回路」があるということだろう。そういう人物の「心的辞書」においては、漢語と和語との間にも当然「回路」が形成されているはずであるが、そうした感覚は現代においてはもちにくいように思う。

そしてまた、漢字字体は次第に行書体もしくは草書体になっていくようにみえ、「漢字片仮名交じり」で書かれた写本の漢字字体が一貫して楷書体側にとどまっていることと対照的にみえる。それは仮名として平仮名を選択していることとかかわると考える。「漢字平仮名交じり」写本が3行目で、版本に「都ヲ立テ」とある箇所を「都を建て」と書き、6行目、版本に「打措シニ」とある箇所を「打置しに」と書いている、その「建」字、「置」字の選択が「日本的」かどうかということまではにわかにはわからないけれども、そういうことがまったくないともいえないのではないだろうか。あるいは版本に「百姓ヲ掠悩《カスメナヤマス》ト云ドモ」とある箇所を「百姓ヲ掠シテ悩しけるト雖」と写し、助動詞「ける」を付け加えたことはもちろん誤写といえば誤写であるが、それが生硬な漢文訓読風の文章を幾分なりとも「和文」側で整えるというような「無意識」であったとすると、ことはいよいよ奥深いといわざるをえない。あるいはさらに想像をたくましくすれば、版本に「サマデノ事ハ有マジ」とある箇所をこの写本は「さまでの事有まじ」と写している。「有マジ」を「有まじ」と写しているので、そこはいわば「平行関係」を保っているが、「サマデ」

を濁点を使わずに「さまて」と写した、その「心性」は「漢字平仮名交じり」で書く「和文」における濁点の不使用ということを背景にしていないか、などと思ったりもする。あるいはそうした「心性」に助詞「ハ」の不使用はかかわらないのだろうか。「妄想」といえば「妄想」であろうが、しかし写本はやはりいろいろなことを考えさせる。

本章では、江戸時代の日本語の種々相とそれに伴った、漢字・平仮名・片仮名使用の種々相とについて述べてきた。まさに「百花繚乱」といってよく、これまであまり指摘されてこなかったような新しい「みかた」も幾つか提示したが、さらに種々の文献＝テキストに沈潜し、精密な観察をする必要があるだろう。そしてそうすることによって、さらに新たな気づきに至ることができる「予感」がする。次章では、明治時代について観察してみたい。

# 第六章　明治時代　多様な表記の時代

## 明治十五年頃のデフォルト

図25は明治十五（一八八二）年一月十四日に、太政大臣三条実美、工部卿佐々木高行の名前で出された太政官布達第一号が印刷されたものである。図の上部にみえる印には「元老院／庶務課」とある。これは、筆者が所持する、表紙に「[明治／十五年]太政官布達全」と書かれている一冊に綴じ込まれているものである。この一冊には「明治十五年布達目次」と、「元老院」と印刷された用箋に手書きで書かれた目次も綴じ込まれている。このことからすれば、この一冊は、元老院に送られた、印刷された布達を保存のために綴じ込んだものと推測することができる。つまり布達はこのように印刷されていた。「布達」とは、明治十九年に公文式《こうぶんしき》が制定されるより前に太政官が発した法のうちで、各庁を対象

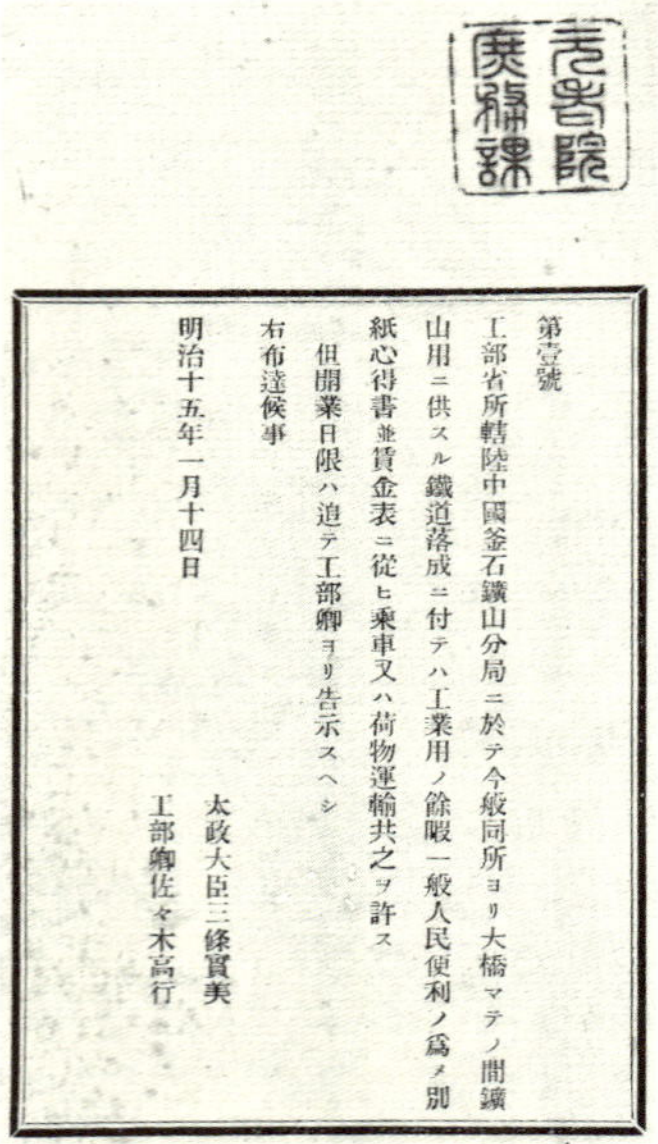
第壹號
工部省所轄陸中國釜石鑛山分局ニ於テ今般同所ヨリ大橋マテノ間鑛山用ニ供スル鐵道落成ニ付テハ工業用ノ餘暇一般人民便利ノ爲メ別紙心得書並賃金表ニ從ヒ乘車又ハ荷物運輸共之ヲ許ス
但開業日限ハ追テ工部卿ヨリ告示スヘシ
右布達候事
明治十五年一月十四日
太政大臣三條實美
工部卿佐々木高行

図25　太政官布達第一号

とするものを呼ぶ。したがって、公文書といってよい。

公文書であるとすれば、この書きかたが当該時期のデフォルトとみてよいはずだ。まず、右は「漢字片仮名交じり」で書かれている。これがこの時期の「選択」であった。そして、「同所ヨリ大橋マテノ」は「ドウショヨリオオハシマデノ」と発音するような語句を書いたものであろう。そうであれば、「マデ」と発音する語を「マテ」と印刷していることになる。何を言っているのかといえば、濁点を使っていない。この時期のデフォルトは「漢字片仮名交じり＋濁点不使用」ということになる。しかも、「乗車又ハ荷物運輸共之ヲ許ス」という表現からすれば、漢文訓読調といってよい。漢字は楷書体である。そのことからすれば、このデフォルトの背後には、いわゆる「漢文」のフォーマリティがあり、それがこうしたデフォルトを支えているとみるのが自然であろう。

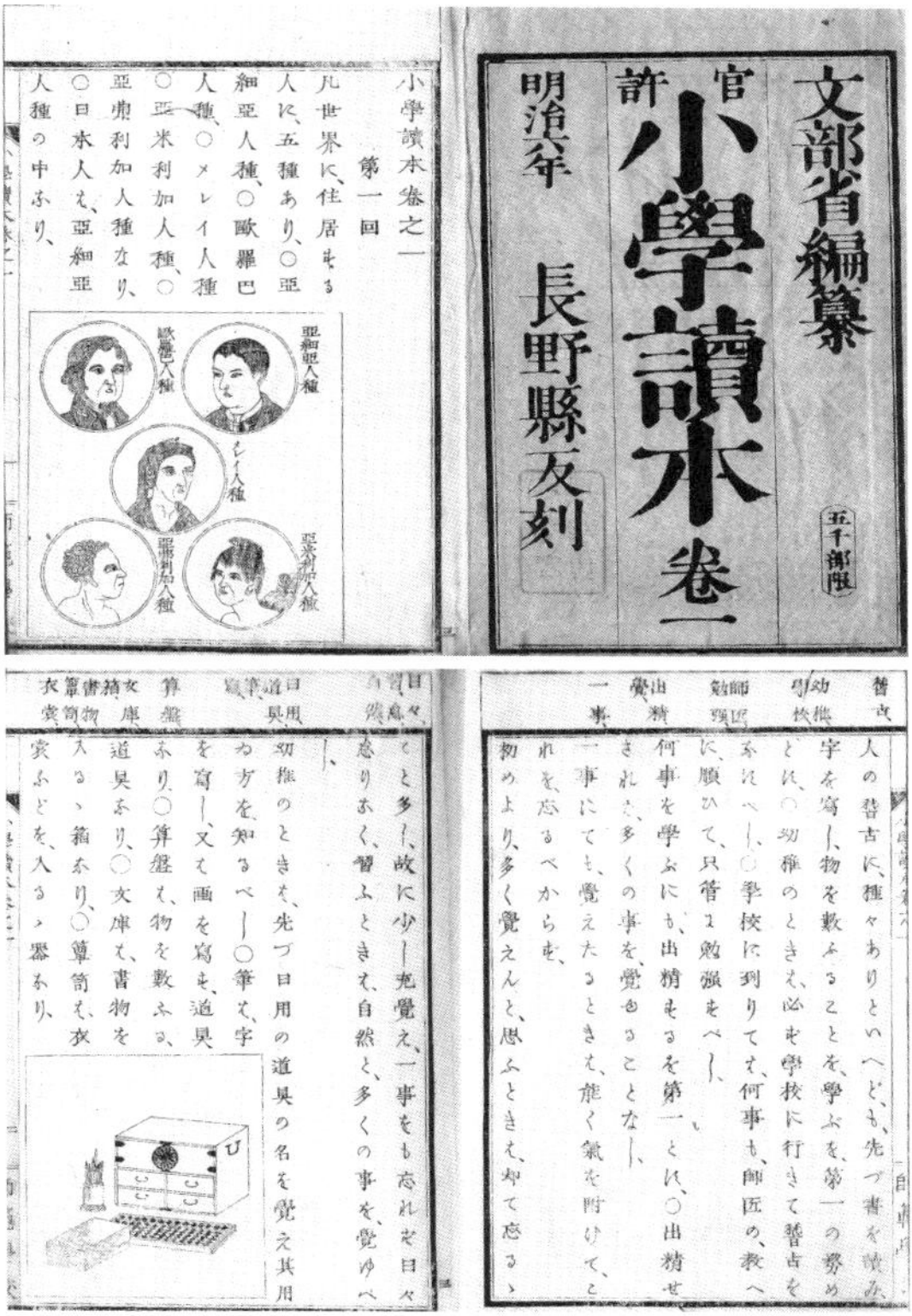


図26　『小学読本』巻一の冒頭とそれに続く丁

図26は明治六（一八七三）年に文部省が編纂した『小学読本』の「長野県反刻《ほんこく》」版の巻一の冒頭とそれに続く丁である。基本的に文部省が編纂したテキスト、そのままに印刷出版

されている。学制の公布に呼応して、文部省が編纂した教科書のモデルのようなものと思ってよいだろう。

この『小学読本』はウィルソン・リーダーを模したものということがわかっているが、ここで注目したいことが二つある。一つは、この読本が「漢字平仮名交じり」で書かれていることである。先に、「漢字片仮名交じり」が明治十五年頃のデフォルトであると述べた。しかしそれは明治十五年に限ったことではなく、いうなれば、江戸時代からずっとそうであったといってもよい。そうであれば、明治六年の時点で、文部省が小学校の教育においては、デフォルトではない「漢字平仮名交じり」で教科書を編纂したということには注目しておく必要がある。

もう一つ注目したいのは、「漢字平仮名交じり」で書かれているにもかかわらず、「連綿」がまったくみられないことである。あたかも活字で印刷されているかのような版面であるが、この『小学読本』は活字印刷されているのではなく、整版印刷されている。したがって、平仮名同士を連綿させることはたやすかった。それでもそのようには印刷されていない。漢字と漢字、漢字と平仮名、平仮名と平仮名の間には必ずブランクが置かれている。このことは背後に、活字印刷された版面が意識されていることを窺わせる。しかも、それは「漢字片仮名交じり」であろう。つまりやはりデフォルトが意識されているのでははないか。デフォルトとしての「漢字片仮名交じり」の「片仮名」を「平仮名」に置き換えたものが、『小学読本』ではないか。もしもそうであるならば、こういうところから、「漢字片仮名交じり」から「漢字平仮名交じり」へのデフォルトの「移行」が徐々に進行していったとは考えられないだろうか。

これはもちろん、漢字にせよ、平仮名にせよ、一つ一つの文字の形を学習するため、ということはあろう。しかし、それこそ「実用的」ということを考えれば、「漢字平仮名交じり」で書く場合、実際には、漢字は「非楷書体」で書き、平仮名同士は連綿されることが多かったはずで、そうした「実際」からは離れたテキストであることになる。

もう一つ思うことは、楷書体で漢字を教育するということは、つまりある漢字を学習するには、楷書体がふさわしいと判断していたことを推測させる。ある漢字がある漢字であることの認識を「文字認識」と呼ぶことがあるが、これは、楷書体で「文字認識」していたことを示唆しているのではないか。少なくとも明治の小学校教育においては、楷書体によって「文字認識」をさせようとしていたのではないか。このことはこれまであまり注目されてこなかったように思う。

図27は水渓良孝が編んだ『小学読本便覧』（明治九年刊）、図28は渡部栄八編輯の『小学読本字引』（明治九年刊）である。いずれも『小学読本』用の辞書の類といってよいが、

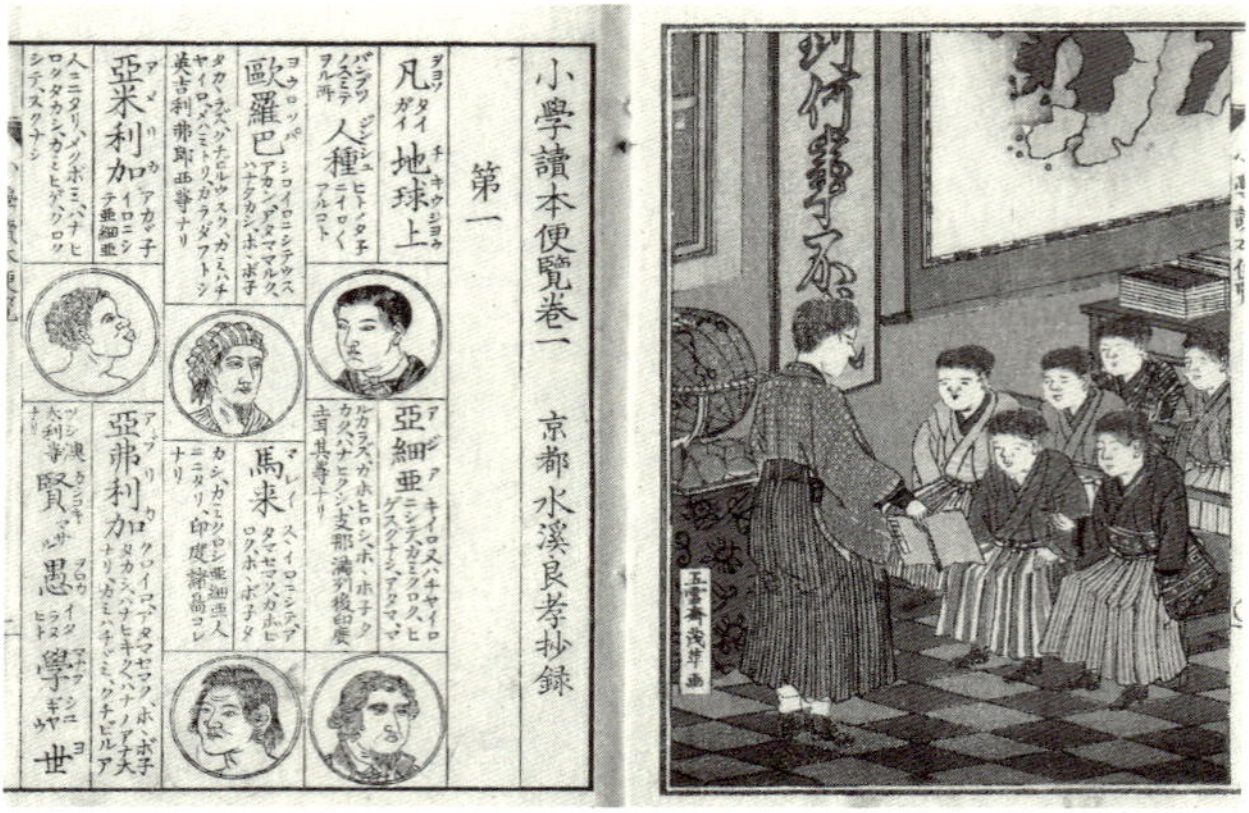


図27 『小学読本便覧』

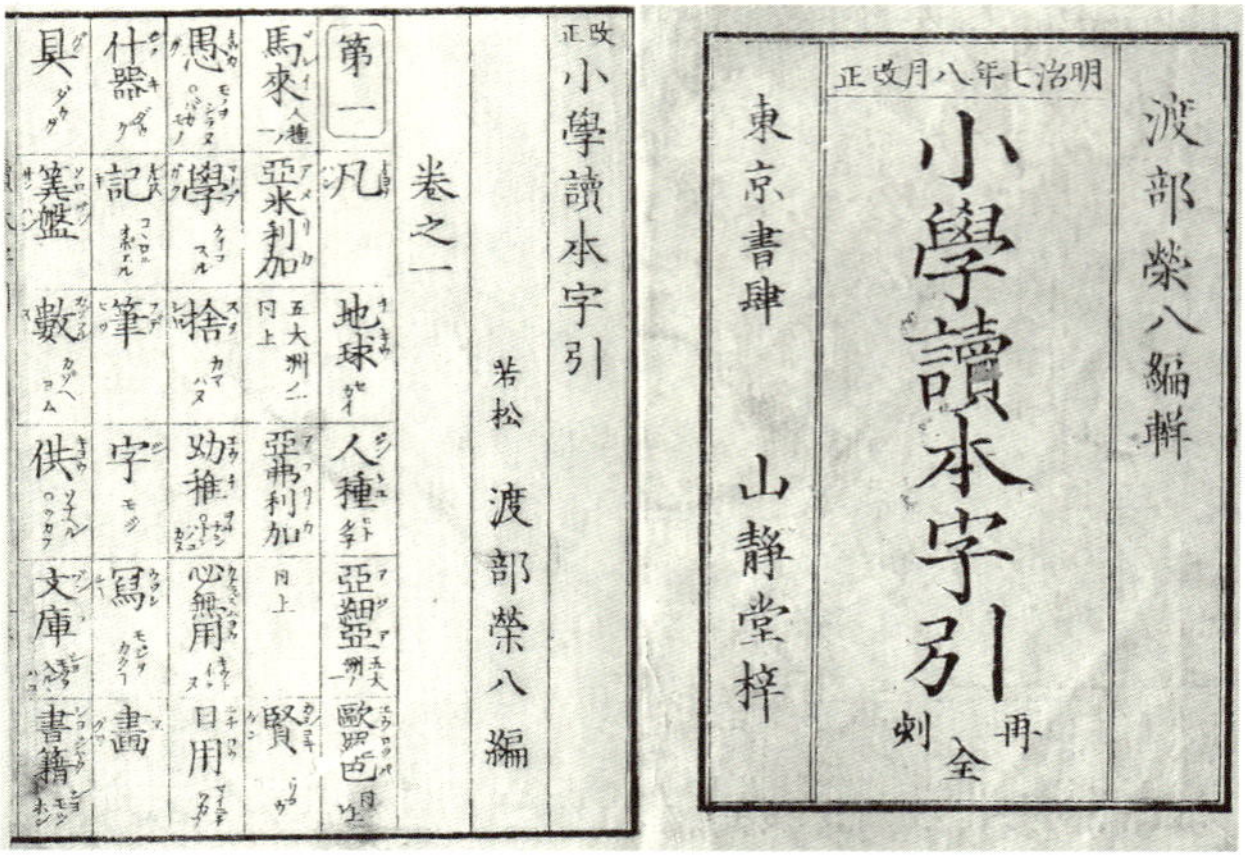


図28 『小学読本字引』

『小学読本』とは異なって、「漢字片仮名交じり」で書かれている。これは辞書の類であるためと考える。

また、『小学読本便覧』の口絵にも注目しておきたい。教場の画とみるのがもっとも自然であるが、生徒には現在のような机がなく、前方に立つ教師が手にしているテキストを見ている。この教師が手にしているテキストが『小学読本』であるとすれば、『小学読本』は現在の教科書のように、生徒に配布されるようなものではなかったことになる。

小学校の教科書といえば、明治三十六（一九〇三）年に編まれ、翌明治三十七年から使用された、第一期国定教科書のことが思い浮かぶ。第一期国定教科書の第一巻は、表紙見返しに「文部省著作／尋常小学読本一／発行所　日本書籍株式会社」と印刷されており、椅子の絵の隣に「イ」、枝の絵の隣に「エ」、スズメの絵の隣に「ス」、石の絵の隣に「シ」と記されているところから、「イエスシ読本」と呼ばれることがある。先に掲げた、明治六年に文部省が編纂した『小学読本』が「漢字平仮名交じり」で書かれ、上部欄外に抜き出されているような漢字、漢語を交えた文章で構成されていたことと比べた時に、片仮名のみで記されている第一期国定教科書は、いわば「やさしく」みえる。明治六年の『小学校読本』も、江戸期に寺子屋で学んでいた人々にとってはやさしかったということからすれば、明治三十六年の第一期国定教科書（尋常小学読本）をどのように評価すればよいのだろうか。そして、明治六年から明治三十六年の間に「何が起こった」のだろうか。「何が」にはさまざまなことがらが含まれそうで、答えを一つにまとめることは難しいであろうが、その「さまざまなことがら」の中に、日清戦争の「経験」と、それにかかわる「漢字離れ」があるのではないだろうか。つまり、第一期国定教科書の「片仮名のみ」は「漢字片仮名交じり」から「漢字」を除いた「片仮名のみ」なのではないか。こうしたことについてはさまざまなことがらを視野に入れながら、総合的に考える必要がある。そうした意味合いにおいては、性急に答えを求める現代が苦手とする問いであろう。すぐにわかる、一本道でわかる答えが現代の欲する答えのように感じることが少なくない。そうであれば、複雑な問いや、答えがはっきりと出そうもない問いは、問い自体が敬遠されそうだ。

明治六年に文部省が編んだ『小学読本』が「漢字平仮名交じり」で書かれ、明治三十六年に文部省が編んだ『尋常小学読本』（第一期国定教科書）が「片仮名のみ」で書かれているということは、（筆者の予想は右に記したが）明治という時代の複雑さ、また明治という時代のもつさまざまな「回路」を思わせる。そのように明治時代は「手ごわい」。その手ごわさはテキストの多様な書きかたとなって現れているのではないだろうか。ここでは、「なぜ」の深みにはまりこみすぎないように気をつけながら、その「多様な書きかた」を紹介し、味わっていただこうと思う。

先に明治期の書きかた＝表記体のデフォルトは「漢字片仮名交じり」であると述べた。そして現代は「漢字平仮名交じり」をデフォルトとしている。そうだとすると、大きな経時的な流れは「漢字片仮名交じり」から「漢字平仮名交じり」へ、ということになる。しかし、二つの表記体は、いわばつねに存在していたので、「漢字平仮名交じり」がデフォルトとなっている時期に「漢字片仮名交じり」を選択することはできる。そういう意味合いにおいても複雑であるといってよい。

図29はサミュエル・スマイルスの『*Self-Help*』を翻訳した『西国立志編』第四編第十三章で、明治四（一八七一）年に木版刷り十一冊仕立てで出版されている。第一冊には「駿河国静岡藩　木平謙一郎蔵版」とある。「漢字片仮名交じり」で印刷されている。一行目には「禽獣ヲ捕ラヘ」、二行目には「三年ニ至ラズシテ」とあるが、傍点を附した二つの「ラ」はいずれも小書きされており、漢文における送り仮名と同じように記されていることがわかる。小書きされた「ラ」の「小書き」は添えられた、ということであろうから、添えられなければ「捕へ」と書くことになる。そして、これが漢文に淵源をもつ「漢字片仮名交じり」の書きかたであったと思われる。

「本行」の右に附された「ヽ」や圏点（白丸）も漢文を思わせる。このようなことからすれば、この「漢字片仮名交じり」は確実に漢文につながっているといってよいだろう。

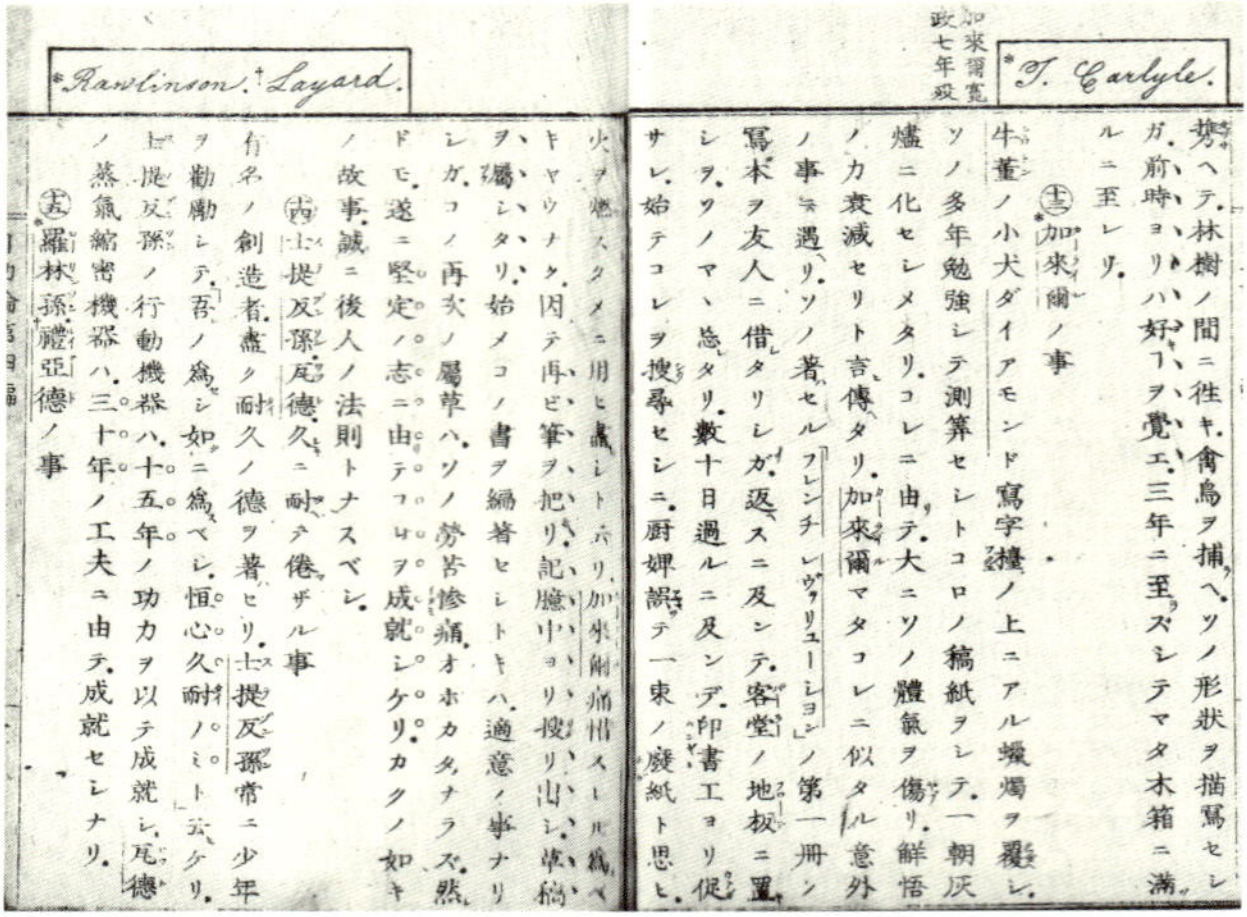

*Rawlinson. †Layard.

加來爾寛政七年歿

*T. Carlyle.

勞ヘテ林樹ノ間ニ往キ禽鳥ヲ捕ヘ、ソノ形狀ヲ描寫セシガ、前時ヨリハ好ヿヲ覺エ、三年ニ至ラズシテマタ木箱ニ滿ルニ至レリ。

(十三)加來爾ノ事

牛董ノ小犬ダイアモンド寫字檯ノ上ニアル蠟燭ヲ覆シ、ソノ多年勉強シテ測算セシトコロノ稿紙ヲシテ一朝灰燼ニ化セシメタリ。コレニ由テ、大ニソノ體氣ヲ傷リ、鮮悟ノ力衰滅セリト言傳タリ。加來爾マタコレニ似タル意外ノ事ニ遇ヘリ。ソノ著セル「フレンチレヴリユーシヨン」ノ第一册ン寫本ヲ友人ニ借タリシガ、返スニ及ンテ、客堂ノ地板ニ置シヲ、ソノヤヽ怠タリ、數十日過ルニ及ンデ、印書工ヨリ促サレ、始テコレヲ捜尋セシニ、厨婢誤テ一束ノ廢紙ト思ヒ、火ヲ燃スタメニ用ヒ盡シトアリ。加來爾痛惜スレル爲ベキヤウナク、因テ再ビ筆ヲ把リ、記臆中ヨリ捜リ出シ、草稿ヲ續シタリ。始メコノ書ヲ編著セシトキハ、適意ノ事ナリシガ、コノ再次ノ屬草ハ、ソノ勞苦慘痛、オホカタナラズ。然ドモ、遂ニ堅定ノ志ニ由テコレヲ成就シケリ。カクノ如キノ故事、誠ニ後人ノ法則トナスベシ。

(十四)士提反孫尾德久ニ耐テ倦ザル事

有名ノ創造者、盡ク耐久ノ德ヲ著セリ。士提反孫常ニ少年ヲ勸勵シテ、「吾ノ爲シ如ニ爲ベシ。恒心久耐ノミ」ト云タリ。士提反孫ノ行動機器ハ、十五年ノ功カヲ以テ成就シ、尾德ノ蒸氣縮密機器ハ、三十年ノ工夫ニ由テ、成就セシナリ。

(十五)羅林孫、禮亞德ノ事

図29 『西国立志編』第四編第十三章

そうであれば、固有名詞「加来爾《カーライル》」や「牛董《ニウトン》」、小犬の名前「ダイアモンド」の左傍に附された傍線も漢文の朱引きにつながっているとみるのが自然である。漢文においては、(いろいろなやりかたがあるが)例えば「右所、中は人の名、左官、中二は書の名、左二は年」のように、右傍線は地名、文字列の真ん中に一本線を入れたら人名、左一本傍線は官名、中に二本線を入れたら書名、左二本傍線は年号というような施しかたがあった。『西国立志編』は左一本線は人名に、左二本線は地名に、右一本線は一般の外国語に施していると思われる。*を附して英語の綴りを上部欄外に示すこともある。また、十行目「客堂《パーラー》」のように、右振仮名に外国語が施されることもある。「右振仮名に外国語が施される」というとらえかたは、現象としてはそうであるが、ことがらの「筋」としては、中村正直が「パーラー（parlor）」という外国語を（日本に紹介するため、知らしめるために）使おうとしたということがまずあると考える。その「パーラー」を図でいえば、「フレンチレヴォリユーション」のように片仮名書きして右一本傍線を施すこともできたが、この場合は、漢字列「客堂」を使って書き、そのままでは外国語「パーラー」を書いたものであることがよみ手にわからないから、振仮名としてそれを示した、ということである。

文字化された言語を真ん中に置けば、まずはそのように文字化した「書き手」がいて、文字化された「結果」をよむ「よみ手」がいる。この「書き手」の存在が時として忘れられてしまうことがある。特に振仮名を観察する場合には、「漢字列をよむ」という方向のみに思考が動きやすい。「漢字片仮名交じり」がデフォルトであるとすれば、（現代人の目には変わった書きかたに見えたとしても）ニュートンやカーライルのような外国人名を漢字で書くということを特殊視する必要はないことになる。むしろ、書名『*French Revolution*』を片仮名書きし、かつ鉤括弧を附していることに注目しておくべきであろう。

図30は大正四（一九一五）年二月に博文館から出版された活字印刷された『改正西国立志編』である。大正時代に入っての出版であるが、「漢字平仮名交じり」で印刷されてい

る。「借シタリシ」が「貸したりし」、「記臆中」が「記憶中」、「成就シケリ」が「成就したり」となっているというような小異はあるが、おおむね明治四年のものを踏襲しているといってよい。

ただしよくみると、「始テ」が「始《はじ》めて」、「誤《アヤ》ツテ」が「誤《あやま》りて」、「云リ」が「云《い》へり」、「因テ」が「因《よ》りて」となっているというような振仮名と送り仮名とにかかわる異なりがある。これは「漢字片仮名交じり」と「漢字平仮名交じり」との違いといってよいだろう。漢文を背景にしている「漢字片仮名交じり」では漢字のみで書くことを起点とし、漢字で書けない言語要素を必要最小限示すことを基調としていると思われる。一方、和文を背景にしている「漢字平仮名交じり」（正確にいえば「平仮名漢字交じり」）は、ほとんど仮名で書くことを起点とし、そこに漢字を交えていったと思われ、例えば、まずは平仮名ばかりで「あやまりて」と書いていたところに、漢字を「誤りて」と書く

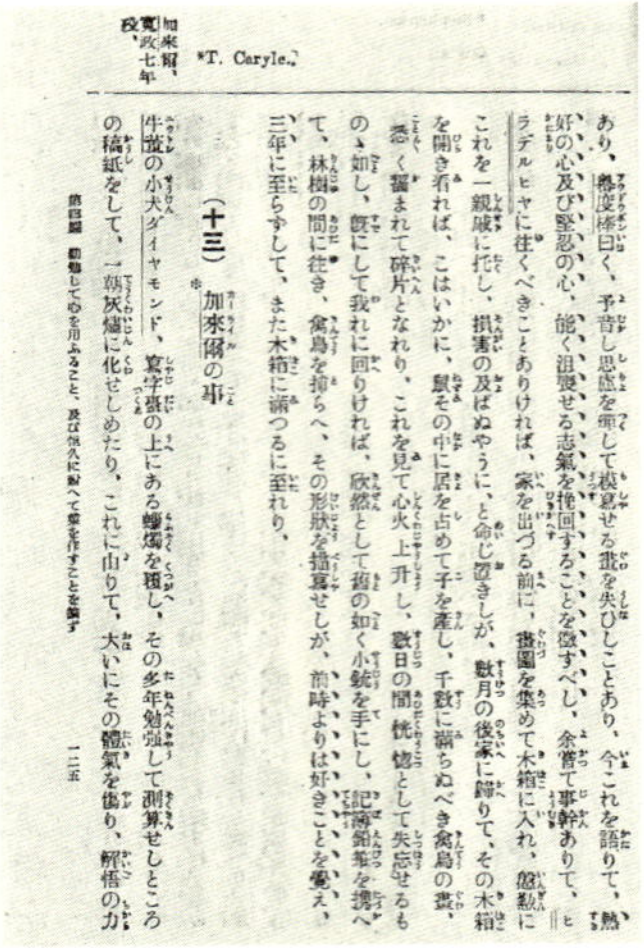
加來爾、寛政七年段、　*T. Caryle.」

あり、奥度榛曰く、予昔し思慮を罩して摸寫せる盡を失ひしことあり、今これを語りて、熱好の心及び堅忍の心、能く沮襲せる志氣を挽回することを徴すべし、余嘗て事幹ありて、ヒラデルヒヤに往くべきことありければ、家を出づる前に、畫圖を集めて木箱に入れ、慇懃にこれを一親戚に托し、損害の及ばぬやうに、と命じ置きしが、數月の後家に歸りて、その木箱を開き看れば、こはいかに、鼠その中に居を占めて子を産し、千數に滿ちぬべき禽鳥の畫、悉く齧まれて碎片となれり、これを見て心火上升し、數日の間恍惚として失忘せるものゝ如し、既にして我れに回りければ、欣然として舊の如く小銃を手にし、記簿鉛筆を携へて、林樹の間に往き、禽鳥を捕らへ、その形狀を描寫せしが、前時よりは好きことを覺え、三年に至らずして、また木箱に滿つるに至れり、

（十三）加來爾の事

牛頓の小犬ダイヤモンド、寫字臺の上にある蠟燭を翻し、その多年勉強して測算せしところの稿紙をして、一朝灰燼に化せしめたり、これに由りて、大いにその體氣を傷り、解悟の力

第四編　勤勉して心を用ふること、及び恆久に耐へて業を作すことを論ず　一二五

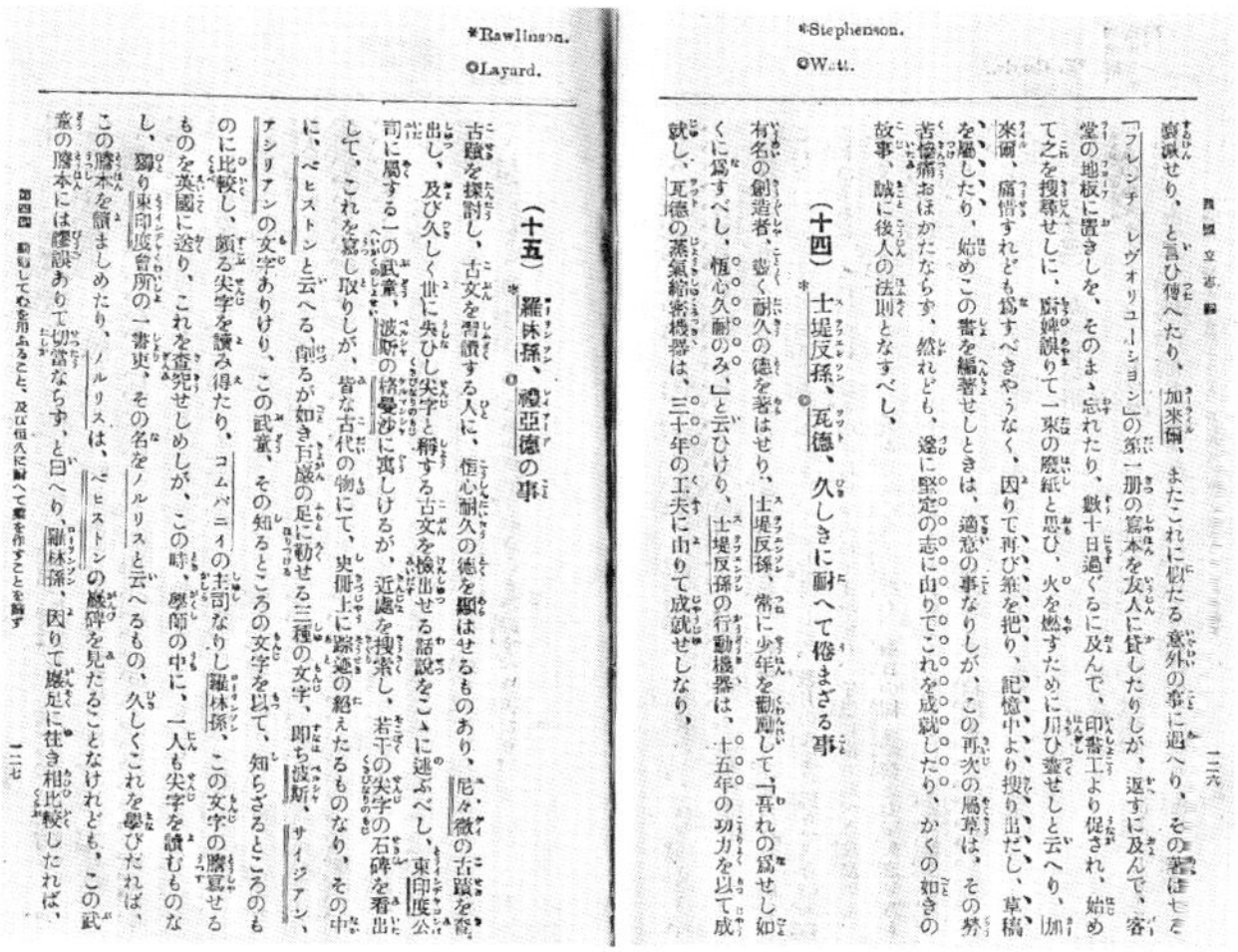
西國立志編　一二六

懸隔せり、と言ひ傳へたり、加來爾《カーライル》、またこれに似たる意外の事に遇へり、その著はせる「フレンチ　レヴォリユーション」の第一冊の寫本を友人に貸したりしが、返すに及んで、客堂の地板に置きしを、そのまゝ忘れたり、數十日過ぐるに及んで、印書工より促され、始めて之を搜尋せしに、厨婢誤りて一束の廢紙と思ひ、火を燃すために用ひ盡せしと云へり、加來爾、痛惜すれども爲すべきやうなく、因りて再び筆を把り、記憶中より搜り出だし、草稿を屬したり、始めこの書を編著せしときは、適意の事なりしが、この再次の屬草は、その勞苦惨痛おほかたならず、然れども、遂に堅定の志に由りでこれを成就したり、かくの如きの故事、誠に後人の法則となすべし、

（十四）＊士堤反孫、◎瓦德、久しきに耐へて倦まざる事

有名の創造者、悉く耐久の徳を著はせり、士堤反孫、常に少年を勸勵して「吾れの爲せし如くに爲すべし、恆心久耐のみ」と云ひけり、士堤反孫の行動機器は、十五年の功力を以て成就し、瓦德の蒸氣縮密機器は、三十年の工夫に由りて成就せしなり、

＊Stephenson.
◎Watt.

（十五）＊羅林孫、◎禮亞德の事

古蹟を探討し、古文を習讀する人に、恆心耐久の徳を顯はせるものあり、尼々微の古蹟を發出し、及び久しく世に失ひし尖字と稱する古文を檢出せる話説をこゝに述ぶべし、東印度公司に屬する一の武官、波斯の格曼沙に寓しけるが、近處を搜索し、若干の尖字の石碑を看出して、これを寫し取りしが、皆な古代の物にて、史冊上に蹤迹の絕えたるものなり、その中に、ベヒストンと云へる、削るが如き巨巖の足に勒せる三種の文字、即ち波斯、サイジアン、アシリアンの文字ありけり、この武官、その知るところの文字を以て、知らざるところのものに比較し、頗る尖字を讀み得たり、コムパニイの主司なりし羅林孫、この文字の臨寫せるものを英國に送り、これを査究せしめしが、この時、學師の中に、一人も尖字を讀むものなし、獨り東印度會所の一書吏、その名をノルリスと云へるもの、久しくこれを學びたれば、この臨本を領ましめたり、ノルリスは、ベヒストンの巖碑を見たることなけれども、この武官の臨本には謬誤ありて切當ならず、と曰へり、羅林孫、因りて巖足に往き相比較したれば、

第四冊　勤勉して心を用ふること、及び恆久に耐へて業を作すことを論ず　一二七

＊Rawlinson.
◎Layard.

図30　『改正西国立志編』

というプロセスが予想できる。これを送り仮名が多めか少なめかという表現で説明するのは、いかにも粗いが、わかりやすい面もあるので、あえてそういう説明をするならば、「漢字片仮名交じり」では送り仮名が少なめになり、「漢字平仮名交じり」（平仮名漢字交じり）では送り仮名が多めになるといった「違い」があると思われるが、それは二つの書きかたの淵源を考えると当然といってよい。

## 二つの『花柳春話』

図31は丹羽（織田）純一郎が、ロード・リットンの著作『アーネスト・マルトラバース（*Ernest Maltravers*）』と、

その続編にあたる『アリス（*Alice*）』とを抄訳した『［欧洲／奇事］花柳春話』（全五冊）の第三編（明治十一年十月刊）である。また図33は明治十六（一八八三）年十一月から翌十七年十月にかけて出版された『［通／俗］花柳春話』の第三編である。前者には漢文で書かれた章題が置かれており、そのことからしても、また文章そのものも、「漢文訓読調」であることは明らかで、それが「漢字片仮名交じり＋左右パラ振仮名」で書かれている。後者は「通俗」を謳い、「漢字平仮名交じり＋右総振仮名（ごく稀に片仮名で左振仮名）」で書かれている。

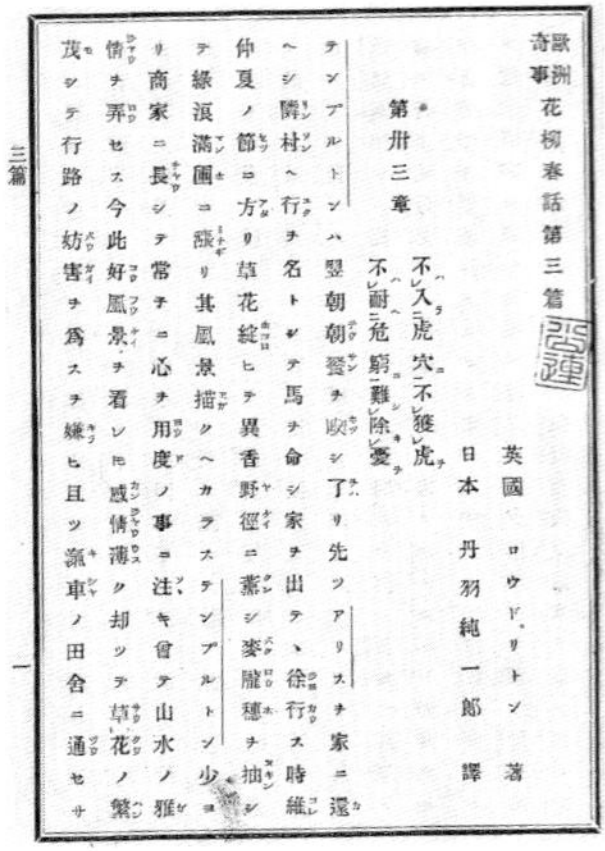
欧洲奇事花柳春話第三篇

英國　ロウド、リトン　著
日本　丹羽純一郎　譯

不入虎穴不獲虎
不耐危窮難除憂

第卅三章

テンプルトンハ翌朝朝餐《テウサン》ヲ喫《キツ》シ了《オハ》リ先ツアリスヲ家ニ還《カ》ヘシ隣村《リンソン》ヘ行《ユク》ヲ名トシテ馬ヲ命シ家ヲ出テヽ徐《ジヨ》行《カウ》ス時維《コレ》仲夏ノ節《セツ》ニ方《アタ》リ草花綻《ホコロ》ヒテ異香野径《ヤケイ》ニ薫《クン》シ麥《バク》朧《ロウ》穂《ホ》ヲ抽シテ緑浪満圃《マンホ》ニ漲《ミナギ》リ其風景描《エガ》クヘカラステンプルトン少ヨリ商家ニ長《チヤウ》シテ常ニ心ヲ用度《ヨウド》ノ事ニ注《ソヽ》キ曾テ山水ノ雅《ガ》情《ジヤウ》ヲ弄《ロウ》セス今此好《カウ》風《フウ》景《ケイ》ヲ看レトモ感《カン》情《ジヤウ》薄《ウス》ク却ツテ草《サウ》花《クワ》ノ繁《ハン》茂《モ》シテ行路ノ妨《バウ》害《ガイ》ヲ為スヲ嫌《キラ》ヒ且ツ汽《キ》車《シヤ》ノ田舎ニ通《ツウ》セサ

三篇　一

後者の「叙」には次のような行りがある。振仮名を省いて引用する。

旧訳は漢文体にして婦女児童の或は解し難き所なしとせず且旧時は婦女児童にして英史をよむ者多からずと雖も今は則ち教育の道大に進み其史をよむこと殆ど成童男子に異ならず故に今其旧文を一変して苟も四十八字を読得るの

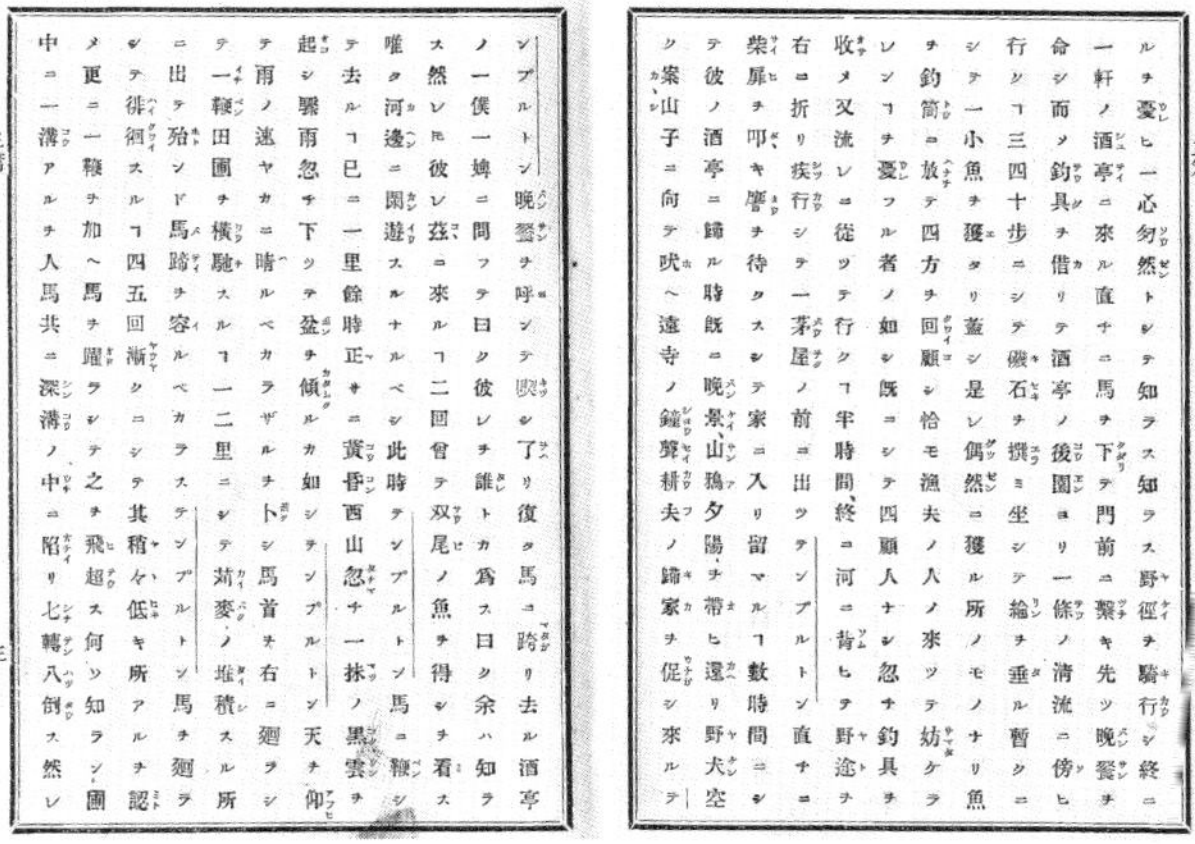
三篇　二

ルヲ憂《ウレ》ヒ一心匆然《ソウゼン》トシテ知ラス知ラス野徑《ヤケイ》ヲ騎行《キカウ》シ終ニ一軒ノ酒亭《シユテイ》ニ來ル直チニ馬ヲ下《クダ》リテ門前ニ繋《ツナ》キ先ツ晩餐《バンサン》ヲ命シ而メ釣具《テウグ》ヲ借《カ》リテ酒亭ノ後園《コウエン》ヨリ一條《テウ》ノ清流ニ傍《ソ》ヒ行クヿ三四十歩ニシテ磯石《キセキ》ヲ撰《エラ》ミ坐シテ綸《リン》ヲ垂《タ》ル暫クニシテ一小魚ヲ獲《エ》タリ蓋シ是レ偶然《グウゼン》ニ獲ル所ノモノナリ魚ヲ釣筒《トウ》ニ放《ハナ》テ四方ヲ回顧《クワイコ》シ恰モ漁夫ノ人ノ來ツテ妨《サマタ》ケラレンヿヲ憂《ウレ》フル者ノ如シ既ニシテ四顧人ナシ忽チ釣具ヲ收《ヲサ》メ又流レニ從ツテ行クヿ半時間終ニ河ニ背《ソム》ヒテ野途《ヤト》ヲ右ニ折リ疾行《シツカウ》シテ一茅屋《バウヲク》ノ前ニ出ツテンプルトン直チニ柴扉《サイヒ》ヲ叩キ磨ヲ待タスシテ家ニ入リ留マルヿ數時間ニシテ彼ノ酒亭ニ歸ル時既ニ晩景《バンケイ》、山鴉《サンア》夕陽ヲ帶《オ》ヒ還《カヘ》リ野犬《ヤケン》空ク案山子《カヾシ》ニ向テ吠《ホ》ヘ遠寺ノ鐘聲《シヨウセイ》耕夫《カウフ》ノ歸家《キカ》ヲ促《ウナガ》シ來ルテ

三篇　三

ンプルトン晩餐《バンサン》ヲ呼《ヨ》ンテ喫《キツ》シ了《ヲハ》リ復タ馬ニ跨《マタガ》リ去ル酒亭ノ一僕一婢ニ問フテ曰ク彼レヲ誰《タレ》トカ爲ス曰ク余ハ知ラス然レ𪜈彼レ茲《コヽ》ニ來ルヿ二回曾テ双尾《サウビ》ノ魚ヲ得シヲ看《ミ》ス唯タ河邊《カヘン》ニ閑遊《カンイウ》スルナルベシ此時テンプルトン馬ニ鞭《ベン》シテ去ルヿ已ニ一里餘時正《マサ》ニ黄昏《コウコン》西山忽《タチマ》チ一抹《マツ》ノ黒雲《コクウン》ヲ起《オコ》シ驟雨忽チ下ツテ盆《ボン》ヲ傾《カタム》ルカ如シテンプルトン天ヲ仰《アフ》テ雨ノ速ヤカニ晴《ハ》ルベカラザルヲ卜《ボク》シ馬首ヲ右ニ廻ラシテ一鞭《イチベン》田圃ヲ横馳《クワウチ》スルヿ一二里ニシテ芥麥《カイバク》ノ堆積《タイセキ》スル所ニ出テ殆《ホト》ンド馬蹄《バテイ》ヲ容《イ》ルベカラステンプルトン馬ヲ廻ラシテ徘徊《ハイクワイ》スルヿ四五回漸《ヤウヤ》クニシテ其稍《ヤヽ》低《ヒク》キ所アルヲ認《ミト》メ更ニ一鞭ヲ加ヘ馬ヲ躍《ヲド》ラシテ之ヲ飛超《ヒテウ》ス何ツ知ラン圖中ニ一溝《コウ》アルヲ人馬共ニ深溝《シンコウ》ノ中《ウチ》ニ陷リ七轉《シチテン》八倒《ハツタウ》ス然レ

図31　『［欧洲／奇事］花柳春話』

　徒は之を読で解せざるの憾なからしめ
　以て啓蒙英史の風俗篇に充んとす

右の言説を、まずはそのとおりに受け止めることにしても、その一方では、「婦女児童」が「漢文体」の「旧訳」を理解することができなかった、とまで、「のみこんでしまう」ことはできないだろう。なぜなら、小学生向けの投稿雑誌である『小学教文雑誌』の投稿文には「漢文体」のものがむしろ多いからだ。こうした「叙」（序）は「献辞」という枠組みの中にあることはいうまでもなく、「献辞」の「献」が、販売のために誇大な言辞を連ねる傾向にある現代において出版される書籍の帯などとは言説が逆向きであることも注意しておく必

要があるかもしれない。

図32は明治十八年七月五日に発行された作文投稿雑誌、『小学教文雑誌』の第一九五号。この雑誌は毎月三回発行されていた。図32には中村淳併（五年二ヶ月）の「会読を催す文」あるいは小川富吉（五年一ヶ月）の「会読に誘はれしに答ふる文」、福岡県下の小学校生徒荻野與太郎の「書籍購求依頼文」、茨城県下の小学校生徒武藤かね子（九年二ヶ月）の「納涼誘引之文」が載せられている。こうした投稿雑誌に載せられている文章に教師の手が入っていないかどうかは不分明ではあるが、といって、それが著しく不審なものであれば、載せられることはないと思われ、表現の細部については措くとしても、こうした文章を書いていた、とまずは考えることにしたい。こうした文章が書けるのであれば、「通俗」ではない『花柳春話』は十分に読めるのではないか。やはり「婦女児童」をそのまま受けとることには慎重でありたい。

図31をみるとわかるが、『花柳春話』においては、「本行」では濁点が使用されていない。これは先にみた、太政官布達と共通する。しかし、振仮名においては、濁点が使用されている。このことをどのように考えればよいだろうか。機能面から振仮名を説明するならば、「振仮名は語形を示している」といえよう。「本行」の漢字列はこの語を書いたものだということをはっきりと示すために振仮名がある。その「語形を示す」ということと濁音は濁

音として示すということだ結びついているのではないか。「本行は濁点不使用」「振仮名は濁点使用」ということになれば、そのようになっている理由にあるにしても、総体としてはいささか分裂的ともいえ、その「分裂」を解消するとなれば、結局は「本行においても

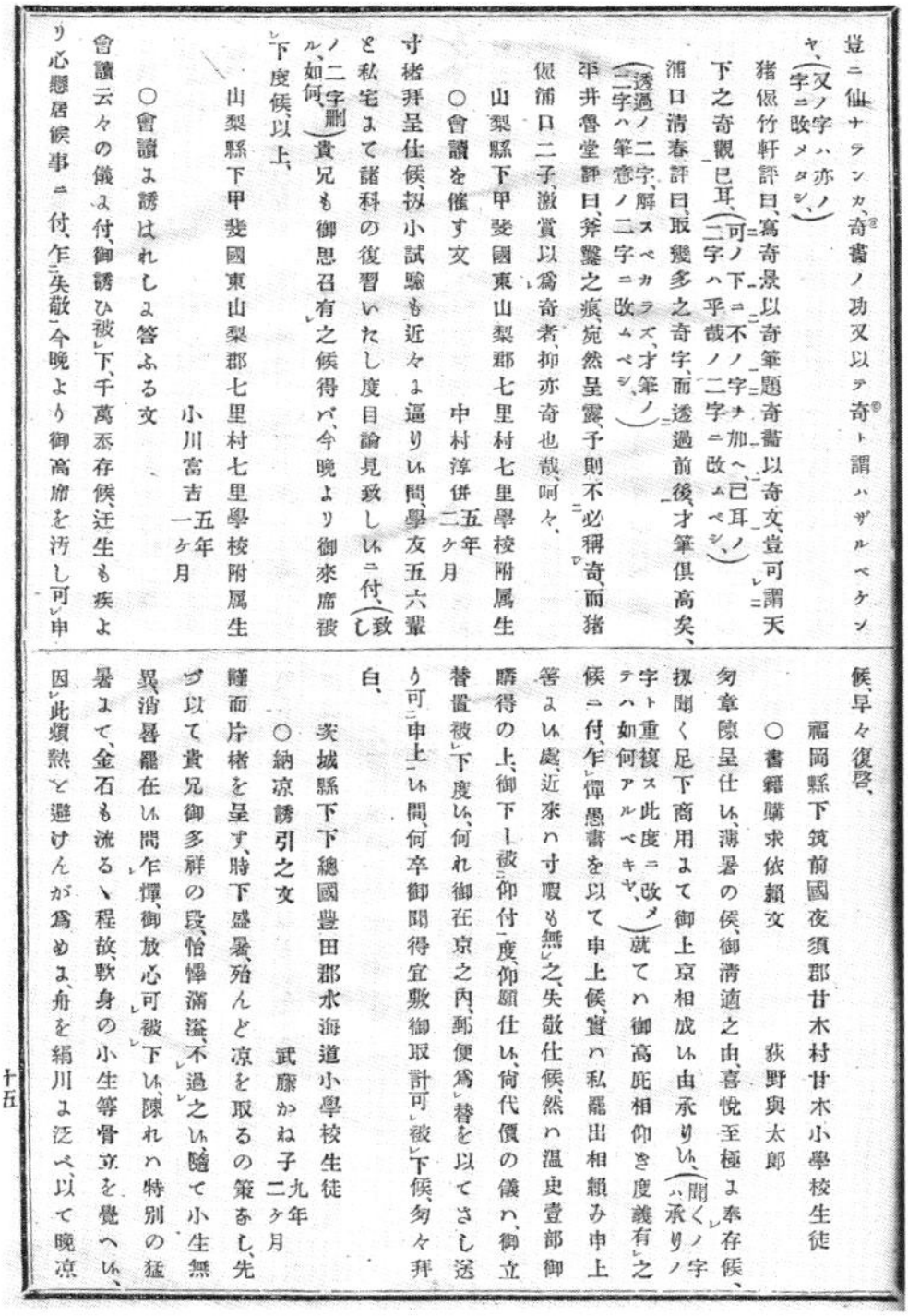
豈ニ仙ナランカ、奇書ノ功又以テ奇ト謂ハザルベケンヤ、(又ノ字ハ亦ノ字ニ改メタシ、)
猪俣竹軒評曰、寫奇景以奇筆題奇書以奇文、豈可謂天下之奇觀已耳、(可ノ下ニ不ノ字ヲ加ヘ、已耳ノ二字ハ乎哉ノ二字ニ改ムベシ、)
浦口清春評曰、取幾多之奇字、而透過前後、才筆倶高矣、(透過ノ二字、解スベカラズ、才筆ノ二字ハ筆意ノ二字ニ改ムベシ、)
平井魯堂評曰、斧鑿之痕、宛然呈露、予則不必稱奇、而猪俣浦口二子、激賞以爲奇者、抑亦奇也哉、呵々、
山梨縣下甲斐國東山梨郡七里村七里學校附屬生
〇會讀を催す文　中村淳併　五年二ヶ月
寸楮拜呈仕候、扨小試驗も近々に逼り候間、學友五六輩と私宅にて諸科の復習いたし度目論見致し候に付、(致しノ二字刪ル、如何、)貴兄も御思召有之候得ば、今晩より御來席被下度候、以上、
山梨縣下甲斐國東山梨郡七里村七里學校附屬生
〇會讀に誘はれしに答ふる文　小川富吉　五年一ヶ月
會讀云々の儀に付、御誘ひ被下、千萬忝存候、迂生も疾より心懸居候事に付、乍失敬今晩より御高席を汚し可申候、早々復啓、
福岡縣下筑前國夜須郡甘木村甘木小學校生徒
〇書籍購求依頼文　荻野與太郎
匆章隙呈仕候、薄暑の候、御清適之由、喜悦至極に奉存候、扨聞く足下商用にて御上京相成候由承り候、(聞くノ字ト承りノ字ト重複ス此度ニ改メテハ如何アルベキヤ、)就ては御高庇相仰ぎ度義有之候に付、乍憚愚書を以て申上候、實ハ私罷出相賴み申上筈に候處、近來ハ寸暇も無之、失敬仕候、然ハ温史壹部御購得の上、御下し被仰付度、偏願仕候、尚代價の儀ハ、御立替置被下度候、何れ御在京之內、郵便爲替を以てさし送り可申上候間、何卒御聞得宜敷御取計可被下候、匆々拜白、
茨城縣下下總國豊田郡水海道小學校生徒
〇納涼誘引之文　武藤かね子　九年二ヶ月
謹而片楮を呈す、時下盛暑、殆んど凉を取るの策なし、先づ以て貴兄御多祥の段、怡懌滿溢、不過之候、隨て小生無異、消暑罷在候間、乍憚御放心可被下候、陳れハ特別の猛暑にて、金石も流るゝ程故、軟身の小生等骨立を覺へ候、因此煩熱を避けんが爲めに、舟を絹川に泛べ、以て晩凉
十五

図32　『小学教文雑誌』の第一九五号

濁点使用」に向かわざるをえない。もしもそのようなプロセスがあったとすれば、「漢字片仮名交じり」という枠組みの中で「本行濁点不使用＋振仮名濁点使用」→「本行・振仮名濁点使用」へと移行していったことになる。

一方、『〔通／俗〕花柳春話』においては、「漢字平仮名交じり」という枠組みの中で、「本行・振仮名濁点使用」という形式になっている。「漢字平仮名交じり」で本行濁点使用は、現在のデフォルトと通うのであり、そうした意味合いでは、少なくとも『〔通／俗〕花柳春話』が出版された明治十六年頃には、現在のデフォルトがひとまずの「完成」をみていたことになる。『〔通／俗〕花柳春話』第三編の一八頁においては漢字列「瀟洒」の右に「せうしや」、左に「キレイ」と振仮名が施されている。このような左右振仮名の例としては、他に「田舎」（右振仮名ひな・左振仮名イナカ）（二一頁）、「鄙」（右振仮名ひな・左振仮名イナカ）（同前）、「野夫」（右振仮名やふ・左振仮名イナカモノ）（二一四頁）、「孤村」（右振仮名こそん・左振仮

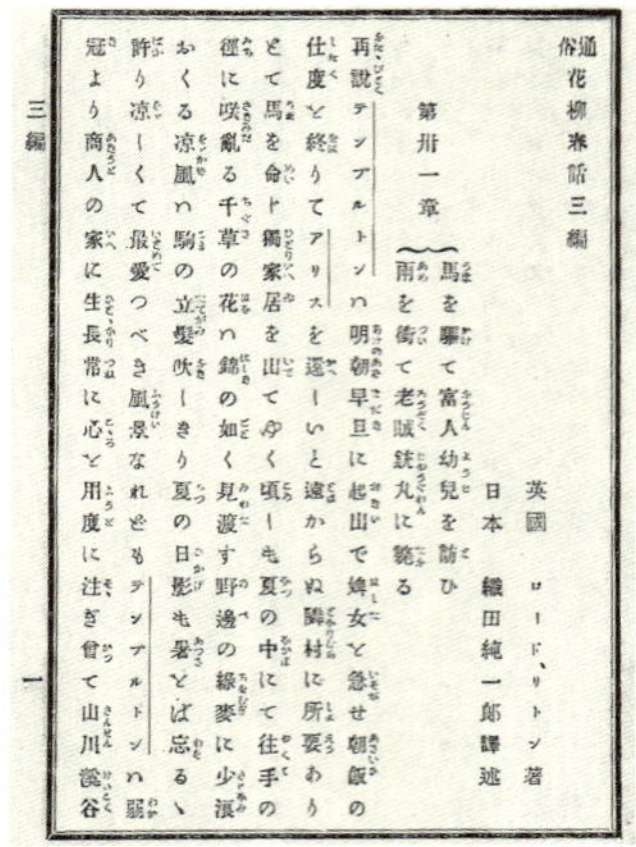
通俗花柳春話三編

英國　ロード、リトン著

日本　織田純一郎譯述

第卅一章　馬《うま》を驅て富人幼兒を誘ひ／雨《あめ》を衝て老賊銃丸に斃る

再說テンブルトンは明朝早旦に起出で婢女を急せ朝飯の仕度を終りてアリスを遠しいと遠からぬ隣村に所要ありとて馬を命じ獨家居を出てゆく頃しも夏の中にて往手の徑に咲亂る千草の花は錦の如く見渡す野邊の綠麥に少涙おくる涼風は駒の立髪吹しきり夏の日影も暑とば忘るゝ許り涼しくて最愛つべき風景なれどもテンブルトンは弱冠より商人の家に生長常に心を用度に注ぎ曾て山川溪谷

三編　一

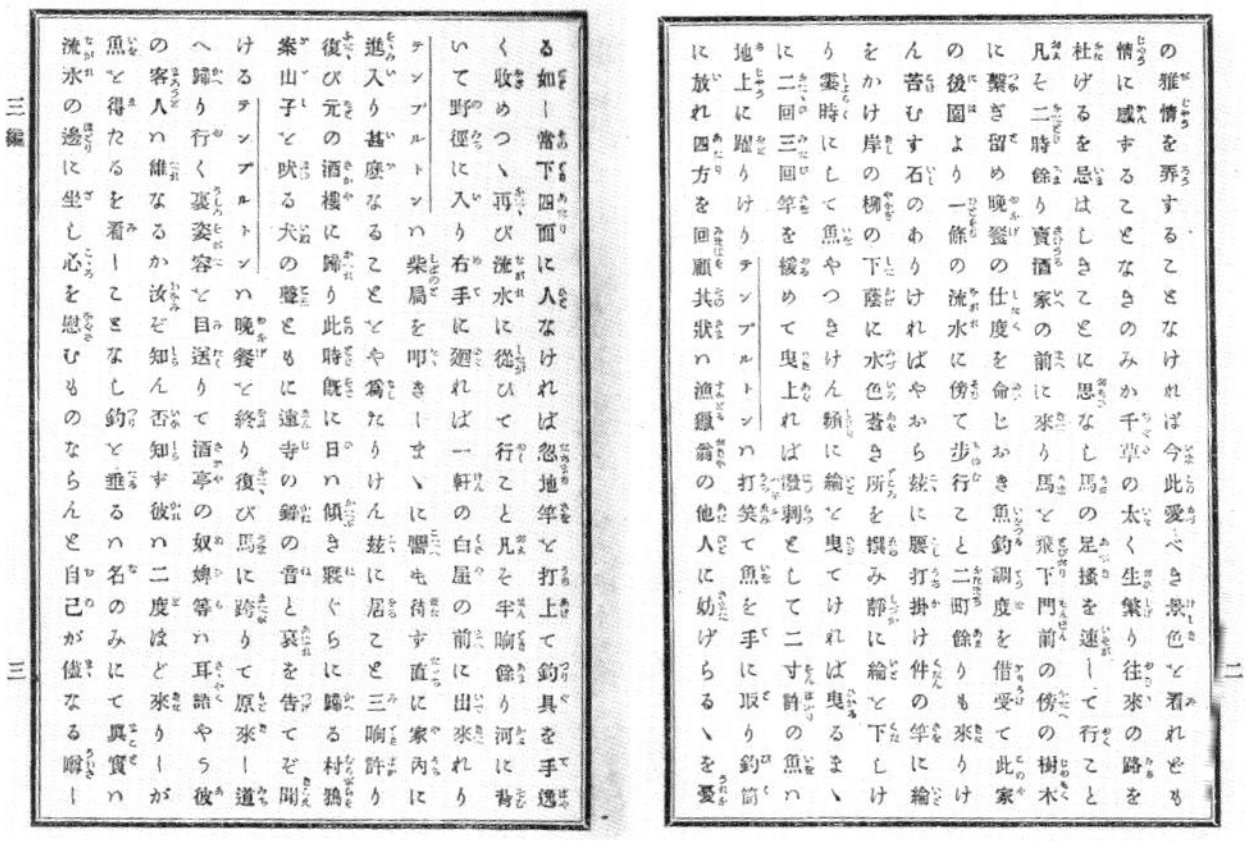
の雅情を弄することなければ今此愛すべき景色を看れども
情に感ずることなきのみか千草の太く生繁り往來の路を
杜げるを忌はしきことに思なし馬の足掻を速して行こと
凡そ二時餘り賣酒家の前に來り馬を飛下門前の傍の樹木
に繫ぎ留め晩餐の仕度を命じおき魚釣調度を借受て此家
の後園より一條の流水に傍て歩行こと二町餘りも來りけ
ん苔むす石のありければやおら玆に腰打掛け件の竿に綸
をかけ岸の柳の下蔭に水色蒼き所を撰み靜に綸を下しけ
り霎時にして魚やつきけん頻に綸を曳てければ曳るまゝ
に二回三回竿を緩めて曳上れば潑剌として二寸許の魚は
地上に躍りけりテンプルトンは打笑て魚を手に取り釣筒
に放れ四方を回顧其狀は漁獵翁の他人に妨げらるゝを憂
二

る如し當下四面に人なければ忽地竿を打上て釣具を手邊
く收めつゝ再び流水に從ひて行こと凡そ半晌餘り河に背
いて野徑に入り右手に廻れば一軒の白屋の前に出來れり
テンプルトンは柴扃を叩きしまゝに闇も待ず直に家内に
進入り甚麼なることとや爲たりけん玆に居こと三晌許り
復び元の酒樓に歸り此時既に日は傾き寢ぐらに歸る村鴉
案山子と吠る犬の聲とともに遠寺の鐘の音と哀を告てぞ聞
けるテンプルトンは晩餐を終り復び馬に跨りて原來し道
へ歸り行く裏姿容を目送りて酒亭の奴婢等は耳語やう彼
の客人は誰なるか汝ぞ知ん否知ず彼は二度ほど來りしが
魚を得たるを看しこともなし釣を垂るは名のみにて眞實は
流水の邊に坐し心を慰むものならんと自己が億なる噂し
三編　三

図33　『［通／俗］花柳春話』

名ヒトツノムラ）（同前）などがあるが、例えば『花柳春話』には「野夫孤村」（右振仮名ヤフコソン）（一九頁）とあり、『花柳春話』を承けたものではない。

丹羽純一郎は『花柳春話』を出版し、その出版の五年ほど後に『［通／俗］花柳春話』を出版した。先に述べたように、『花柳春話』は翻訳であるので、『［通／俗］花柳春話』の出版にあたって、ロード・リットンの原作から再度翻訳をしていないと断言することはできないし、（部分的にせよ）原作を参照していないと断言することもできない。しかし『［通／俗］花柳春話』の「叙」の「旧文を一変し」という表現からすれば、『花柳春話』の文章から『［通／俗］花柳春話』の文章をつくった可能性がたかい。そうであれば、『花柳春話』と『［通／俗］花柳春話』との対照は、一人の人物の「心的辞書」のありかたを窺う格好の対照ということになる。

本書は、日本語を書くために使う文字、すなわち漢字と仮名とについて考えることを目的としているが、「日本語を書く」ということを抜きにして、漢字と仮名とについて考えることはできない。「漢語は漢字で、和語は仮名で書く」ということを大原則とすれば、次第に和語も漢字で書くようになった、というのがごくおおざっぱな「日本語表記の流れ」である。「和語を漢字で書く」にあたって、定訓（漢字と安定的に結びついている訓）を背景にして書くことがまずは自然な書きかたとして考えられる。「ニハ（庭）」という和語に「庭」という漢字をあて、「ナガレ（流）」という和語に「流」という漢字をあてるのがそうした書きかたである。「和文」は当初そうした書きかたがされていたと思われる。一つの文、文章の中に漢語がほとんど使われないのであれば、そうした書きかたは自然な書きかたとしてずっと継続していった可能性もある。しかし、一つの文、一つの文章の中に、相当数の漢語が使われるようになれば、その漢語は漢字で書かれる。そしてそのように、「和文」に漢語が混じ、それに伴って、「和文」における漢字の使用率がたかまっていけば、その「干渉」によって、和語が漢字で書かれ、「和文」全体の漢字の使用率がたかまっていくのは自然なことといえよう。漢語「コウエン（後園）」の語義が、ある場合の和語「ニハ（庭）」と重なることがわかれば、和語「ニハ」を漢字列「後園」によって文字化することも行なわれるようになる。語義の重なり合いの度合いや選択された漢字列の「馴染み度」などによって、こうした書きかたは「工夫」にみえることもあるだろうし、「馴染み度」が増せば、当初「工夫」だったものが、それほどのものとは感じられなくなるということもあるだろう。しかし、いずれにしてもそういうことができるようになる。一つの文、一つの文章の中で、漢語「コウエン（後園）」も使うし、和語「ニハ（庭）」に漢字列「後園」をあてることもあるのであれば、後者の振仮名は必須になる。すべての漢字に振仮名を施す、いわゆる「総ルビ」を表記上のシステムとみなせば、このシステムは右のような書きかたを（促進したとまではいわないにしても）支えたといえよう。しかしまた、そうした書きかたがなされていた時期の言語使用者が、振仮名がなければ絶対に「後園」が「ニハ」という和語を書いたものであることがわからなかったか、ということについては慎重に判断したい。

「酒亭ノ後園《コウエン》ヨリ一條《デウ》ノ清流ニ傍《ソ》ヒ行クコト三四十歩ニシテ磯石《キセキ》ヲ撰《エラ》ミ坐シテ綸《リン》ヲ垂《タ》ル」（二頁）に対応するであろう『［通／俗］花柳春話』の文は「此家《このや》の後園《には》より一條《ひとすぢ》の流水《ながれ》に傍《そひ》て歩行《あゆむ》こと二町《ふたまち》餘《あま》りも來《きた》りけん苔《こけ》むす石《いし》のありければやおら茲《こゝ》に腰打掛《こしうちか》け件《くだん》の竿《さを》に綸《いと》をかけ岸《きし》の柳《やなぎ》の下蔭《したかげ》に水色《みづいろ》蒼《あを》き所《ところ》を撰《えら》み静《しづか》に綸《いと》を下《くだ》しけり」（二頁）である。先に、「婦女児童」にわかりやすく、という「叙」の言説を「献辞」の枠組みの中にある、と述べたのは、例えば和語「ニハ」、和語「ナガレ」は「庭」「流れ」と書くのがわかりやすいはずだ。つまり、『〔通／俗〕花柳春話』よりもさらにわかりやすい書きかたを採ることはできる。できるのにそうはしていないということは、わかりやすさ一辺倒で『〔通／俗〕花柳春話』が編まれているわけではないということだ。もちろん『花柳春話』がすでにあるのだから、それをもとにしたために、漢字列「後園」をそのまま使ったということはあるだろう。

しかし、漢語「セイリュウ（清流）」を和語「ナガレ」に置き換えたのは、「通俗」ということで説明できるとして、「ナガレ」に漢字をあてるにあたって、「流れ」ではなく漢字列「流水」を選んだのはなぜか。あるいは「アユム」という和語に漢字列「歩行」をあてたのはなぜか、と考えた時に、やはり「わかりやすさ一辺倒」ではないといわざるをえない。「通俗」を志向したとしても、内容との兼ね合い、バランスにおいて、「微調整」はなされるのが言語現象といってよく、そうした「微調整」を等閑視した場合、得られる知見はごく粗いものになることもあろう。『花柳春話』一冊の定価は六十銭、『〔通／俗〕花柳春話』は五十五銭である。夏目漱石『坊っちゃん』において、山嵐がおごる氷水が一銭五厘ということになっている。これを三百円ぐらいだとみなすと、一銭が二百円ということになり、なんと『〔通／俗〕花柳春話』一冊は一万一千円になり、決して安くない。この換算でいいとすれば、この価格の書籍は、現在であれば、大学生でも買わないのではないか。とても「婦女児童」向けとはいえない。

## 明治の回覧雑誌

図34は「世界之寶」と題された小型の回覧雑誌である。創刊号から二十七冊を古書肆から入手した。表紙見返しには、「明治貳拾八年拾一月貳拾六日印刷／明治貳拾九年一月一日發行／印刷者梅原忠治郎／編輯者原田幸三郎／發行者山口利三郎／發行所幼學舘」とあるが、これらは手書きではないので、あるいは活字を使って一字ずつスタンプのように押したか。図34（上）の左側ページの下段にも「明治廿八年十一月」とあるので、やはりこの頃に第一号がつくられたと思われる。翻字を示しておこう。

　　世界之寶規則
第一、投書スルニ半紙ニ書シ姓名
　住所番地世界之寶編輯者
　御中ト書シテ出スベシ
第二、十五度出シタル人ハ札ヲ

　　軍歌　不知
面白イ〳〵雑
誌ガ出キタ
面白イお前モ
見給ヘ面白イ私モ

見セテ早ク見給ヘ
面白イ世界之寶
ハ後ノ世ニ長ク傳
ヘテ残ルラン

進呈ス

第三、續キモノハ始メヨリ終リマデ一時ニ
　書シテ出スベシ
第四、受取主ハ編輯者ニシテ印
　刷者ハ其レヲ當雑誌
　ニ謁グ
第五、繪考物ナドハ多ク
　出サヌ様心掛クベシ
　若シ三度以上出シテ
　アレバ受取ラズ
第六　初メテノ時ハ入會
　届ヲ出スベシ

幼學館

明治廿八年十一月二日

落語 伊勢参リ

安大保

オイ乙サン「オレヲ呼ン
ダノハ、誰レダ「甲吉ダ「甲
吉カ其後ハ御無沙汰致
シマシタ「昨日風呂デ合
フタハイ「ソウカイナー
シカシ其レマデハ長イ
イコト「其レマデハ長
ハ少々持テルガ何ダ

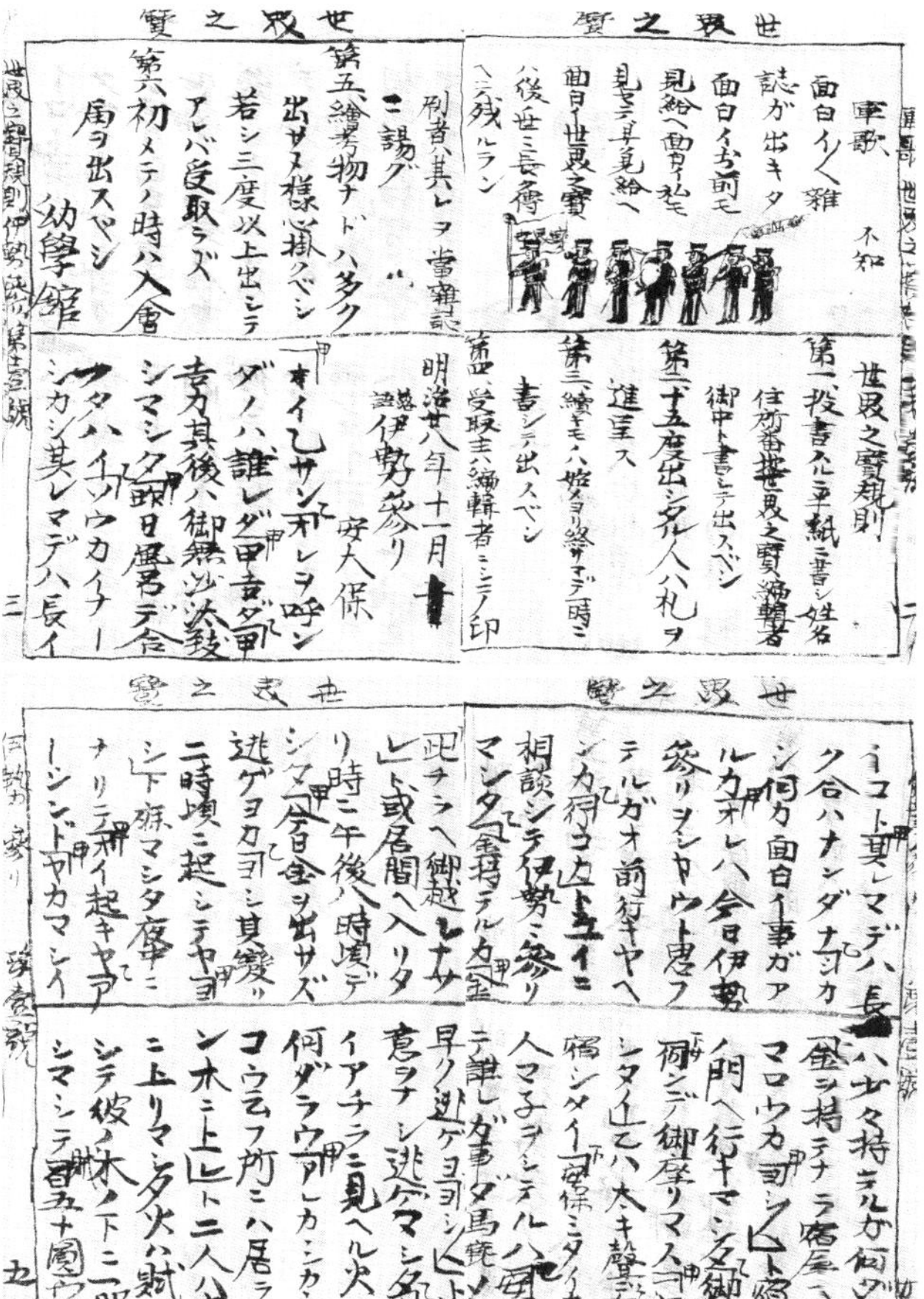
世界之寶

軍歌　不知
面白イ〳〵雑誌が出キタ
面白イお前モ見給ヘ面白イ私モ見テ其見給ヘ
面白イ世界之寶ハ後世ニ長ク傳ヘニ残ルラン

世界之寶規則
第一、投書スル半紙ニ書シ姓名住所番地世界之寶編輯者御中ト書シテ出スベシ
第二、十五度出シタル人ハ札ヲ進呈ス
第三、續キモノハ始メヨリ終サマデ明ニ書シテ出スベシ
第四、受取主ハ編輯者ニシテノ印

世界之寶

刷者ハ其レヲ當雜誌ニ錫ク
第五、繪考物ナドハ多ク出ザメ様心掛クベシ若シ三度以上出シテアレバ受取ラズ
第六、初メテノ時ハ入會届ヲ出スベシ
幼學館

明治廿八年十一月
伊勢参リ　安大保

図34　「世界之寶」

ク合ハナンダナ「シカシ何カ面白イ事ガアルカ「オレハ今日伊勢參リヲシヤウト思フテルガオ前行キヤヘンカ「行コカ」ト互イニ相談シテ伊勢ニ參リマシタ「金持テルカ「金

「金ヲ持テナラ宿屋ヘ止マロウカ「ヨシ」ト宿屋ノ門ヘ行キマシタ「御免「何ンデ御座リマス「一宿シタイ」乙ハ太キ聲デ「一宿シタイ「安保ミタイナ人マネヲシテルハ「安保テ誰レガ事ダ馬鹿メ

「此チラヘ御越シナサレ」ト或居間ヘ入リタリ時ニ午後八時頃デシタ「今日金ヲ出サズ」逃ゲヨカ「ヨシ其變リ二時頃ニ起シテヤ「ヨシ」ト寐マシタ夜中ニ早ク逃ゲヨ「ヨシ〳〵」ト用意ヲナシ逃ゲマシタ「オイアチラニ見ヘル火ハ何ダラウ「アレカシカシコウ云フ所ニハ居ラレン木ニ上レ」ト二人ハ木ニ上リマシタ火ハ賦ニ

ナリテ　「オイ起キャ

ーシンド　「ヤカマシイ

「ア　シテ彼ノ木ノ下ニ一服

シマシテ　「百五十圓ウマ

書き手の年齢が不分明であるが、幼学館という名称からすれば、現在の小学校高学年から中学校ぐらいの間であろうか。「漢字片仮名交じり」で書かれているが、右の範囲では一箇所「お前」と書かれていて、平仮名が一字だけ混じている。例えば、この第一号をみても、このような箇所はこの一箇所のみであるので、いわば「はずみ」とみておいたほうがよいだろう。漢字はやはり楷書体にちかい字体で書かれている。鉤括弧の類も使われており、稚拙な感じはむしろない。

右には「行キヤヘンカ」「行コカ」「起シテヤ」「起キヤ」という表現がみられる。第三巻第二号では「大阪西部名所　地理」という文章が載せられており、こうしたことからすると、幼学館は大阪にあったことが推測される。

上図には「面白イ〱」、下図には「ヨシ〱」という箇所があり、「〱」が使われているが、いずれも起筆位置が「イ」「シ」の下ではなく、右横になっている。「〱」の起筆位置は、かつては上方にあったが、次第に下方になったことが指摘されており、室町時代以降は下方であったというのが日本語の歴史研究の共通理解といってよい。これは活字印刷の場合は、当然のことになるが、ここでは「かつて」の起筆位置から「〱」が書かれている。ただし同じ書き手が、上方から書いたり、下方から書いたりということはある。第三巻第二号に「滑稽談」として「慾ノ親玉」という題の文章が載せられているが、その書き手は「長枝」である。この文章中では「ダン〱」「グー〱」「チョコ〱」「モシ〱」「コリヤ〱」「斯様〱」と「〱」が使われているが、「ダン〱」と「グー〱」以外の「〱」の起筆位置は上方にある。またこれら以外に「キラ〱」がみられるが、この「〱」は行頭に置かれている。「〱」の起筆位置が次第に下方になっていったという指摘はそのとおりであろうが、「手書き」の場合には、当該時期に一般的ではない言語形式が時として顕在化することがあると考えておく必要があるのではないだろうか。その「一般的ではない言語形式」は「かつては標準的に使われていた言語形式」である場合もあろうし、「(そもそも)非標準的な言語形式」である場合もあろう。「顕在化」「潜在化」という表現を使って説明するとすれば、「潜在化していた言語形式が(突如として)顕在化する」とでもいえようか。潜在化している言語形式はいついかなる時でも「起こり得る言語形式」といってもよい。それを言語の「可能性」と言い換えることもできなくはない。

言語は共有されることによって成りたっている。したがって、その共有されているところを観察すればよい。したしまた接近して言語を仔細に観察すれば、当該時期の言語のありかたとは一致しない、あるいは「流れ」とは一致しない言語形式もある。それは観察対象ではない、という考えかたもあろうが、「どんなことが起こるのかは見ておこう」という観察態度があってもよいように思う。そこに「面白み」を感じることもあるはずだ。

先にふれた第三巻第二号の「慾ノ親玉」（図35）は「或ル處ニ私ノ様ナノラ者ノ夢八ト云フ者ガアリマシタ處ガ此夢八餘程ノノラデ或日ノ事山へ遊ビニ參リマシタ」と始まる。「漢字片仮名交じり」で記されており、（当然のことながら）連綿はない。

上図に「處」が二回使われ、下図二行目に「何處」とあるが、これらの「處」の「処」の右側が「口」に書かれている。これはこの「長枝」という人の個人的な記憶違い、あるいは書き癖である可能性がもちろんある。筆者などは「トコロ」の「ロ」が漢字字体内にとりこまれてしまったのではないかということまで「妄想」する。そうであれば、音声言語が文字に干渉した例ということになる。それは措くとして、「處」の行書体、草書体では「処」の形がはっきりしなくなるほどで、「几」を「口」に換えるというようなことはない。したがって、問いとしてはここに書かれている字形はここにしかないものなのか、他にもあるのか、ということになる。あるいは下図右頁の四行目に「澤山」「河中」、六行目に「泳イデ」、左頁の一行目に「立派」、四行目に「溜ラナイ」とある。これらの漢字の

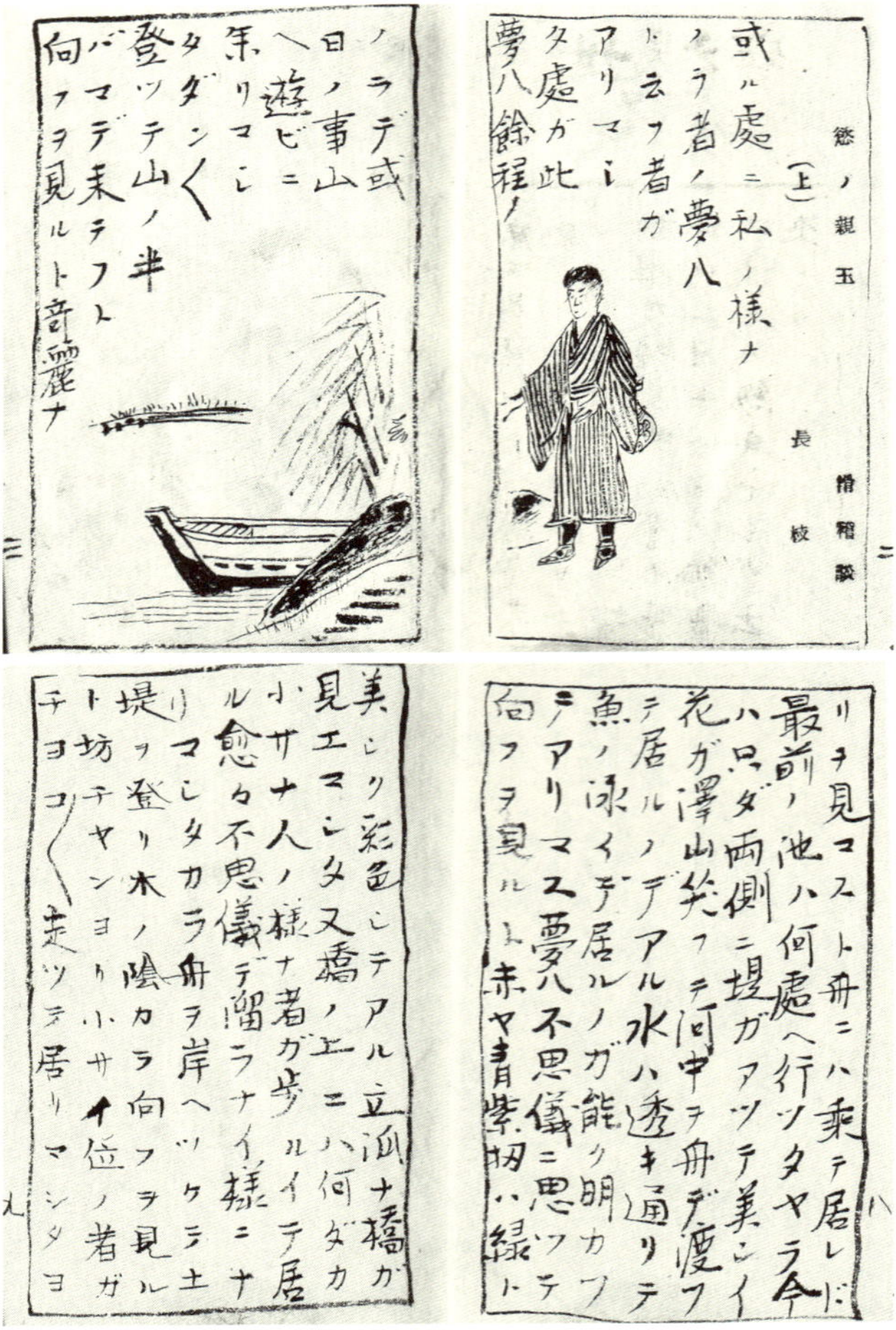
慾ノ親玉　(上)

滑稽談　長枝

或ル處ニ私ノ様ナノラ者ノ夢八ト云フ者ガアリマシタ處ガ此夢八ハ餘程ノ

ノラデ或日ノ事山ヘ遊ビニ来リマシタダンく登ツテ山ノ半バマデ来テフト向フヲ見ルト奇麗ナ

リナ見マスト舟ニハ乗テ居レド最前ノ池ハ何處ヘ行ツタヤラ今ハ只ダ両側ニ堤ガアツテ美シイ花ガ澤山咲イテ河中ヲ舟デ渡フテ居ルノデアル水ハ透キ通リテ魚ノ泳イデ居ルノガ能ク明カデニアリマス夢八不思儀ニ思フテ向フヲ見ルト赤ヤ青紫抔ハ緑ト

美シク彩色シテアル立派ナ橋ガ見エマシタ又橋ノ上ニハ何ダカ小サナ人ノ様ナ者ガ歩ルイテ居ル愈々不思儀デ留ラナイ様ニナリマシタカラ舟ヲ岸ヘツケテ土堤ヲ登リ木ノ陰カラ向フヲ見ルトト坊チヤンヨリ小サイ位ノ者ガチヨコく走ツテ居リマシタヨ

図35　第三巻第二号の「慾ノ親玉」

さんずいはほぼ二画で書かれており、行書体での書きかたにちかい。これらの字を行書体とみるとすると、下図二行目「最前」の「最」はまさしく楷書体であり、となれば、楷書体、行書体が混じていることになる。

あるいは右の文章には「者」が多数みられるが、いずれも「者」と書かれていて、「者」とは書かれていない。「者」は常用漢字表がいわばわざわざ、「明治以来行われてきた活字の字体とのつながりを示すために参考として添えた」「康熙字典体」(「表の見方及び使い方」)であるが、それは「活字の世界」でのことであった。下図左頁三行目の「歩ルイテ」も「歩」が書かれているのであって、一画少ない「歩」が書かれているわけではない。この「歩」も常用漢字表が「康熙字典体」として掲げている。

漢字の「字体」あるいは、字体の具体的な実現形としての「字形」がどのような歴史をたどってきたかを描くことは難しい。なぜなら、どのような文献を追跡すれば、その「歴史」が描けるかの「見当」がなかなかつかないからだ。しかしそれは、漢字にとってはもっとも基本的な「歴史」といえそうだ。そうであれば、その基本的な「歴史」がまだはっきりしていないことになる。そうしたことをわきに置いて、いきなり「漢字はすごい」などと漢字をもちあげてもしかたがない。言語は共有されているのだから、共有できる何かをもっているはずだ。その「何か」を「システム」と名づけるとすれば、それがどのようなものであるかを探るのが言語学の目的であろう。しかし、その（仮設された）「システム」は具体的に運用されている具体的な言語の背後にあると仮定されているのであって、具体的な言語の観察抜きにはなかなかその「システム」には迫っていけないのではないだろうか。回覧雑誌は共有されている「システム」からは少し距離をおいたところに位置する文献であろう。しかしだからこそ、それを注視する意義があると考える。

図36（上）には「「モシ〱／一寸オ／尋ネ申／シマス」／ト云ヒ／マシタ／所ガ今／マデアチラコ／チラ走ツテ居／ツタ小サナ者／ハ夢八ノ聲ヲ／聞イテ皆ノ者／ハ何ダカキラ／〱シタ者ヲ投ゲテ／逃ゲテシマイマシタ」とある。「オ尋ネ申シマス」はもちろん「オタズネモウシマス」を書いたものであろう。そうであれば、片仮名の「ネ」として「子」が使われていることになる。また図36（下）は別の「書き手」が書いているが、やはり左頁の二行目に「ナニヲ云フテナハンネ」の「ネ」に「子」字体が使われている。

築島裕『仮名』（日本語の世界5、一九八一年、中央公論社）には「平安初期訓点資料所用綜合仮名字母表」が掲げられている。つまり平安時代初期の訓点資料において使われていた片仮名の一覧表のようなものと思っていただいてよいが、その「ネ」の欄には「祢・根・子・年」の四つの漢字が示され、「年」には「稀な用例」であることを示す符号が附されているので、これを除いた「祢・根・子」に基づいた字体がおもに使われていたこと

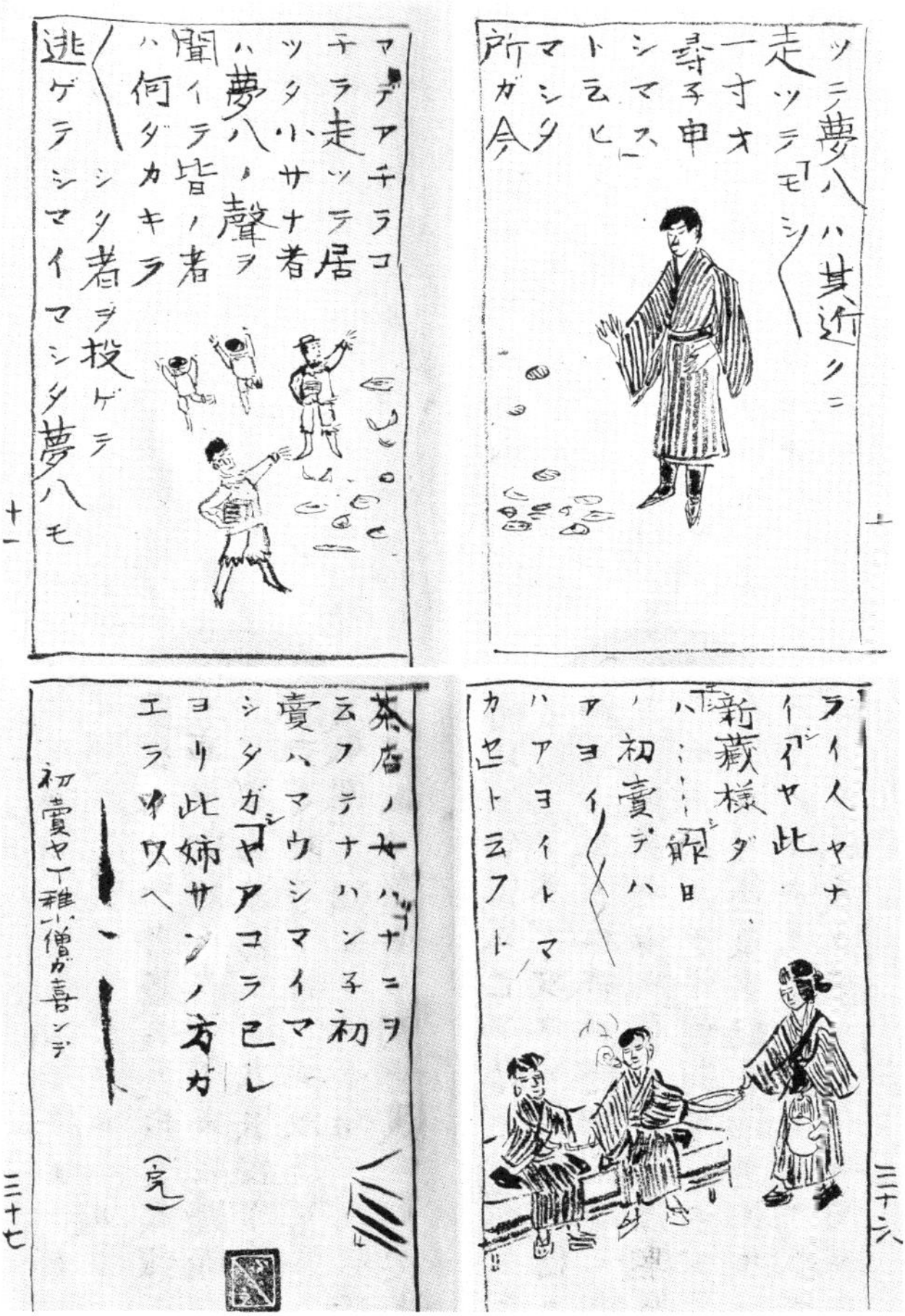
ツニ夢八ハ其近クニ
走ッテモシ〳〵
一寸オ
尋子申
シマス
ト云ヒ
マシタ
所ガ今
マデアチラコ
チラ走ッテ居
ツタ小サナ者
ハ夢八ノ聲ヲ
聞イテ皆ノ者
ハ何ダカキラ
〳〵シタ者ヲ投ゲテ
逃ゲテシマイマシタ夢八モ
十一
茶店ノ女ハ
云フテナハンネ初
賣ハマウシマイマ
シタガゴヤアコラ己レ
ヨリ此姉サンノ方ガ
エラヰワヘ
初賣ヤ丁稚小僧ガ喜ンデ
(完)
三十七

図36　「慾ノ親玉」

がわかる。現在使っている「ネ」は「祢」の偏に由来する。『仮名』には「平安後期には「尓」「子」「ネ」などが一般的になった。院政時代には「子」「ネ」が多く、このままの状態で中世・近世に及ぶ。「ネ」に統一されたのは明治以降のことである」（二六四頁）と述べられている。ちなみにいえば、「尓」は「祢」の旁《つく》りの形で、「ネ」という発音をもつ漢字を省略して片仮名として使うので、どこをどう省略してもよい。そうしたことからすれば、漢字「子」の全体をそのまま使った片仮名「子」はその「原理」には合わない。

現在使っている平仮名、片仮名の字体は、明治三十三（一九〇〇）年八月二十一日に文部省が文部省令第十四号として示した「第一号表」に載せられている字体である。この「第一号表」はその趣旨からいえば、小学校で教育する仮名字体を示したものであったはずだ。それが結局は実際に「流通する仮名字体」に影響を与えたということだろう。この「第一号表」も審議を経て決まったもので、文部省令として示される以前の明治三十三年一月の帝国教育会仮名調査委員の「国語国字に関する決議」資料中にみえる表においては、ア行の「オ」に平仮名では「を」字体、片仮名では「ヲ」字体が置かれ、片仮名の「ネ」には「子」字体が置かれている。もしもこの資料中の表が「第一号表」として採用されていたら、片仮名の「ネ」は「子」になっていたし、五十音図も現在とは異なるものになっていたと思われる。しかしまた、片仮名の「ネ」に「子」を使うという「実態」があったからこそ、それが候補となっていたはずで、「子」が使われていることは当然といえば当然ということになる。

## 二冊のボール表紙本

図37は明治十九（一八八六）年四月に刊行された『［禽獣／世界］狐の裁判』、図38は明治十七年二月に刊行された『［六万／英里］海底紀行』である。前者は「漢字平仮名交じり＋総ルビ」、後者は「漢字片仮名交じり＋パラルビ」で印刷されている。前者はゲーテの、後者はジュール・ヴェルヌの著作の翻訳であるが、翻訳であるからといって、一律に「漢字片仮名交じり」が選択されているわけではないことがわかる。

両者をみると、明治二十年より少し前の「到達」ということを思う。『狐の裁判』にあるような和語「ヒカリ」、「ノドケシ」に漢字列「日光」、「長閑」をあてることは明治期に始まったことではないが、例えば、「ミダレ（テ）」に漢字列「爛漫」をあてることにはさほど「蓄積」はないであろう。そういう目でみれば、「鬼胎《おそれ》」（二頁）、「姦邪《よこしま》」（三頁）、「召喚《よびだし》」「羚羊《ひつじ》」（四頁）、「想像《おもひや》られぬ」（五頁）、「爭擾《あらそひ》」（六頁）、「爭鬪《あらそひ》」（八頁）、「繁蔓《はびこ》らん」「恤慈《あはれみ》」（九頁）、「訴訟《うつたへ》」「交誼《まじはり》」（一〇頁）、「泥濘《ぬかるみ》」「路傍《みちばた》」（一一頁）、「残餘《あまれ》る」「危險《あやふ》き」「生命《いのち》」「奪掠《ぶんどり》」（一二頁）などが同様の例のようにみえる。

「ハナハミダレテイロヲソフ」という文を書こうとして、「花は乱れて色を添ふ」と書くことはもちろんできる。それを「花は爛漫《みだれ》て色を添ふ」と書くことによって、なにほどか漢語「ランマン（爛漫）」の語義などを重ね合わせる「効果」があることはおそらくあるだろうから、それは文の要素としては和語を使いながらそこに漢語の彩《あや》を添える「工夫」といってもよいだろう。そのようにすることによって、「和文」から「漢文訓読文」の方向に「ベクトル」をのばし、バランスをとっているのが、こうした表記体ではないだろうか。少し粗い表現であることを承知でいえば、それは、「漢字平仮名交じり」を「漢字片仮名交じり」にちかづける「ベクトル」でもある。

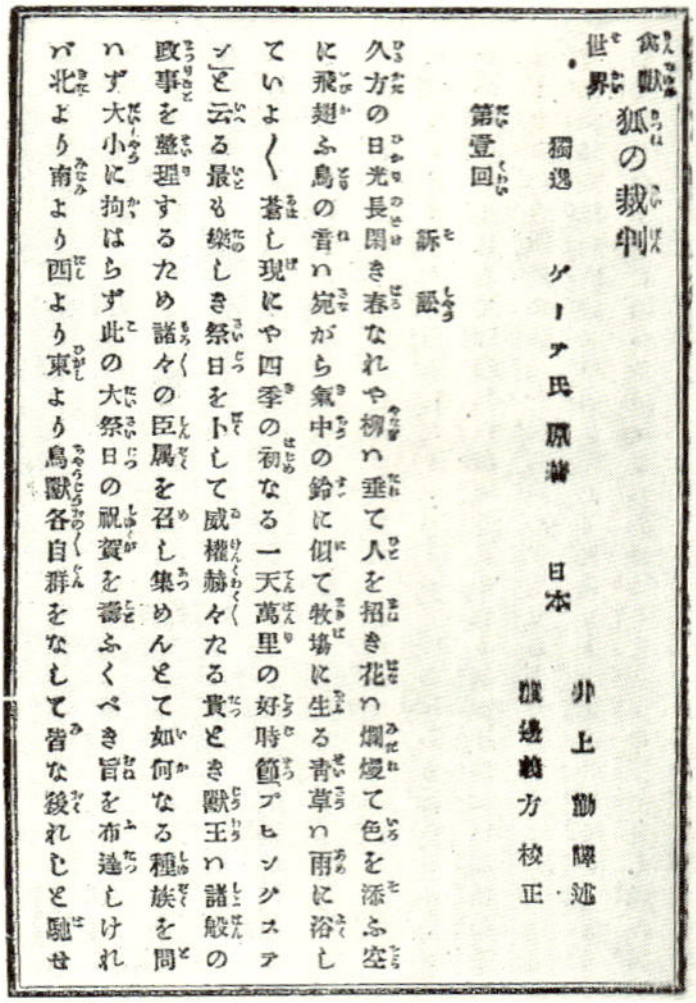

禽獣・世界 狐《きつね》の裁判《さいばん》

獨逸 ゲーテ氏原著　日本 井上勤譯述・渡邊義方校正

第壹回《だいくわい》　訴訟《そしよう》

久方《ひさかた》の日光《ひかり》長閑《のどけ》き春《はる》なれや柳《やなぎ》ハ垂《たれ》て人《ひと》を招《まね》き花《はな》ハ爛熳《みだれ》て色《いろ》を添《そ》ふ空《そら》に飛翅《とびか》ふ鳥《とり》の音《ね》ハ宛《さな》がら氣中《きちう》の鈴《すゞ》に似《に》て牧場《まきば》に生《おふ》る青草《せいさう》ハ雨《あめ》に浴《よく》していよ〳〵蕃し現《げん》にや四季《しき》の初《はじめ》なる一天萬里《てんばんり》の好時節《かうじせつ》プヒングステンと云る最《いと》も樂《たの》しき祭日《さいじつ》を卜《ぼく》して威權赫々たる貴《たつ》とき獸王《じうわう》ハ諸般《しよはん》の政事を整理《せいり》するため諸々《もろ〳〵》の臣屬《しんぞく》を召《め》し集《あつ》めんとて如何《いか》なる種族《しゆぞく》を問《と》ハず大小《だいせう》に拘《かゝ》はらず此《こ》の大祭日《たいさいじつ》の祝賀《しゆくが》を壽ふくべき旨《むね》を布達《ふたつ》しけれバ北《きた》より南《みなみ》より西《にし》より東《ひがし》より鳥獸各自群をなして皆《み》な後れじと馳《は》せ

図37 『［禽獣／世界］狐の裁判』

『［六万／英里］海底紀行』においては、「海邊《ウミベ》」（一頁）という書きかたによって、ここで使われている語が漢語「カイヘン（海辺）」ではなく、和語「ウミベ」であることが「よみ手」にわかるようになっているが、

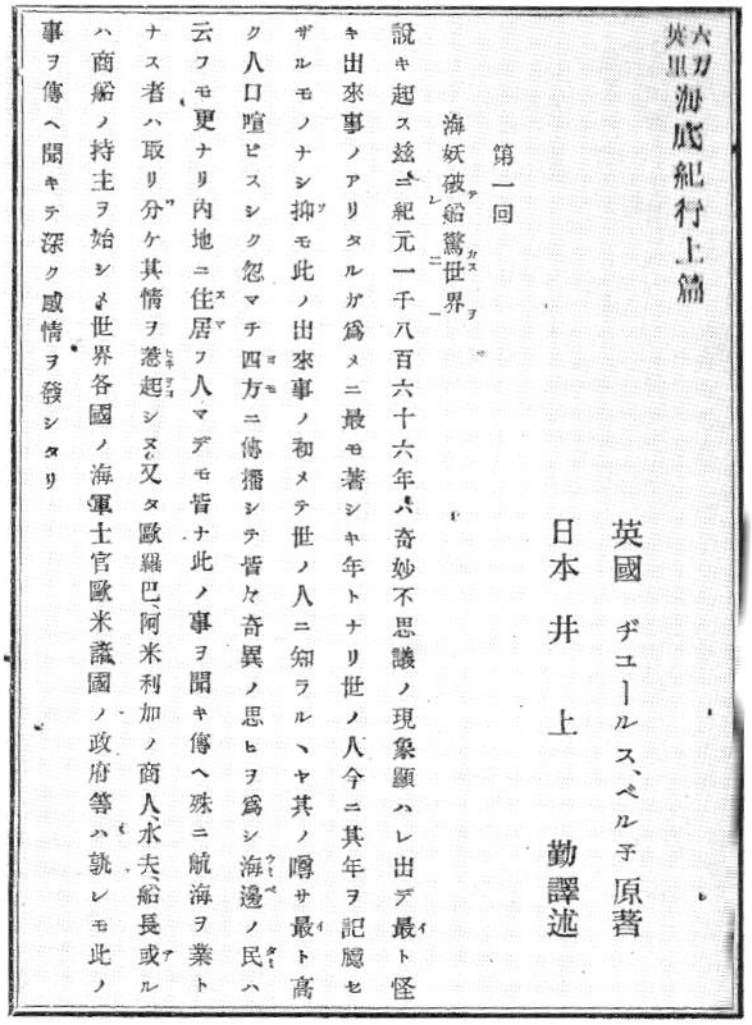

六万英里海底紀行上篇

英國　ヂユールス、ベルヌ原著
日本　井上　勤譯述

第一回
海妖破船驚世界

説キ起ス茲ニ紀元一千八百六十六年ハ奇妙不思議ノ現象顯ハレ出デ最ト怪キ出來事ノアリタルガ爲メニ最モ著シキ年トナリ世ノ人今ニ其年ヲ記臆セザルモノナシ抑モ此ノ出來事ノ初メテ世ノ人ニ知ラルヽヤ其ノ噂サ最ト高ク人口喧ピスシク忽マチ四方《ヨモ》ニ傳播シテ皆々奇異ノ思ヒヲ爲シ海邊《ウミベ》ノ民《タミ》ハ云フモ更ナリ内地ニ住居《スマ》フ人マデモ皆ナ此ノ事ヲ聞キ傳ヘ殊ニ航海ヲ業トナス者ハ取リ分ケ其情ヲ惹起《ヒキオコ》シヌ又タ歐羅巴、阿米利加ノ商人、水夫、船長或《アル》ハ商船ノ持主ヲ始シメ世界各國ノ海軍士官歐米諸國ノ政府等ハ孰レモ此ノ事ヲ傳ヘ聞キテ深ク感情ヲ發シタリ

図38　『［六万／英里］海底紀行』

この振仮名がなければ、漢語「カイヘン」と理解し、それで文意としてはほとんど不都合はないにもかかわらず、あえてそうすることによって、「漢文訓読文」あるいは「漢文直訳体」の文中に和語がぱらぱらと交じっていることを示している。そのことによって、「漢文訓読文」「漢文直訳体」はいわば「漢字平仮名交じり」の方向にひっぱられ、そこでバランスをとっているのではないか。そういう目でみれば、「真正《マコト》」「争論《アラソヒ》」（七頁）、「船舶《フネ》」「道理《コトワリ》」（一三頁）は、それぞれ漢語「シンセイ」「ソウロン」「センパク」「ドウリ」と理解しても不都合はないにもかかわらず、あえてそこに和語を使うことに意義を見いだしているように思われる。

和語「ヨコシマ」に漢語「カンジャ（姦邪）」に使う漢字列「姦邪」をあて、和語「アラソヒ」に漢語「ソウロン（争論）」に使う漢字列「争論」をあてることを「当て字」と呼ぶことがある。「当て字」の定義は実は難しい。ゆえに、「当て字」というとらえかたをするに際して、「当て字」の定義が示されることはまずない。定義がしにくい概念で何をとらえるというのだろうか、と思う。そして、「当て字」というとらえかたは、あまりにもおおざっぱ過ぎて、実際は何もとらえられないのではないか、とも思う。大型の蝶もすり抜けてしまうような大きな目の網では昆虫をとらえることはできない。先に述べたように、『「禽獣／世界」狐の裁判』にみられる「姦邪《よこしま》」と『「六万／英里」海底紀行』にみられる「争論《アラソヒ》」は「方向」が異なる。どのような表記体の中にそれがあるか、が大事なのであって、そうしたことを離れて切り出され、集められたデータはいくらたくさんあっても、そこから精密な知見を得ることは難しい。

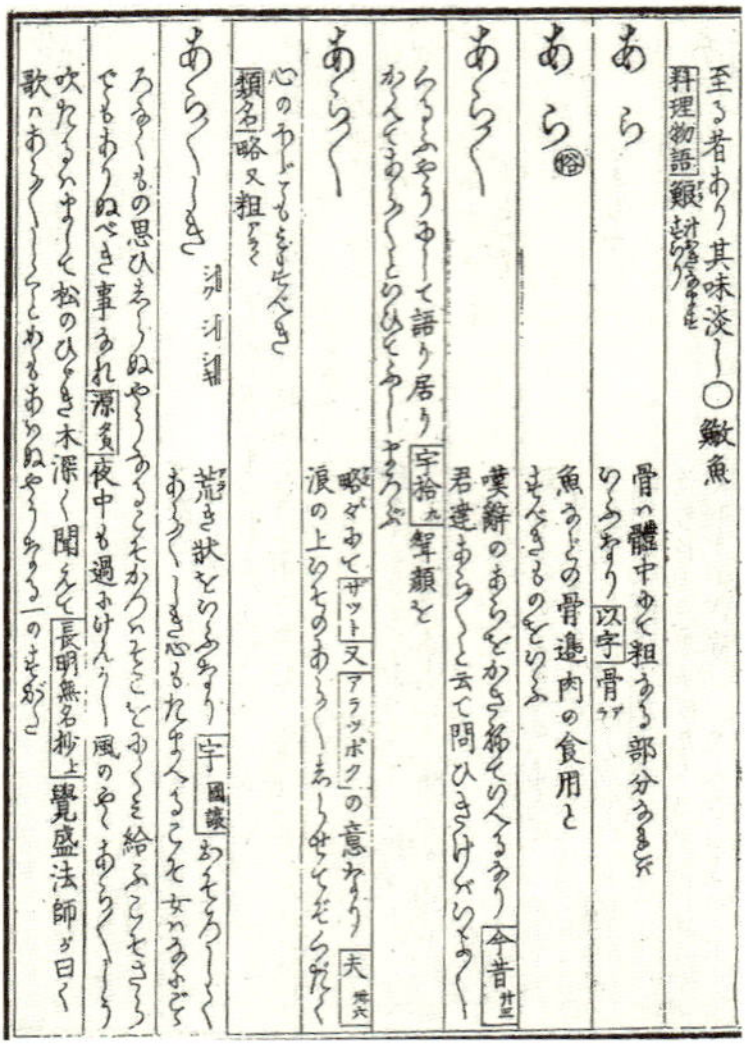
至る者あり其味淡し○鰍魚
料理物語 鰕
あら
あら 俗 骨ハ體中ゆて粗なる部分 以字 骨
魚などの骨邊肉の食用と
嘆辭の
君達あらあらと云て問ひきけ 今昔廿三
あらあら 字拾九
あらあら 夫
心の 類名 略又粗
あらあらしき 字 國讃
荒き狀
源氏 夜中も過かけ 風の
長明無名抄上 覺盛法師が曰く
吹たるは 松のひゞき木深く聞えて
歌ハあら

図39 『官版語彙』

## 国語辞書の表記体

明治十七（一八八四）年七月に

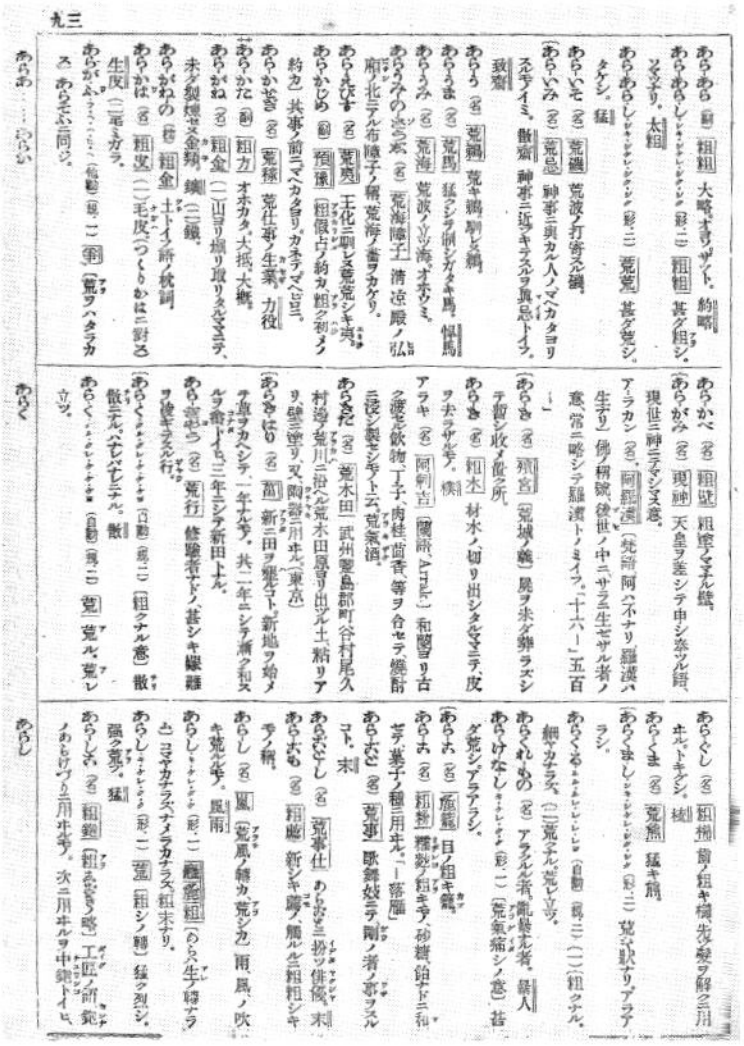
図40　『言海』

「衣之部」（えの部）が刊行されたものの未完に終わった『官版語彙』は図39のように、「漢字平仮名交じり」を基調としている。『明治期国語辞書大系［普1］語彙』（一九九七年、大空社）より引用させていただいた。見出し「あら〱」の語釈中には「ザット」「アラッポク」と片仮名が使用されている。これは、「語彙凡例」において、「注解はつとめて簡易を専とす故に漢字を交へ用ゐ又は直に俚言を以てするものあり仮令はあいぎやうなきの下にオモシロミノナキ又ヲカシミノナキとあるが如し其俚言は悉く匡中にしるす」と述べられていることからすれば、「俚言」であることになる。つまり、『官版語彙』においては、「俚言」であることを示すために、「漢字平仮名交じり」の枠組みの中に片仮名が使用されている。

図40は明治二十四年に完結した『言海』であるが、こちらは見出しが平仮名で、語釈は

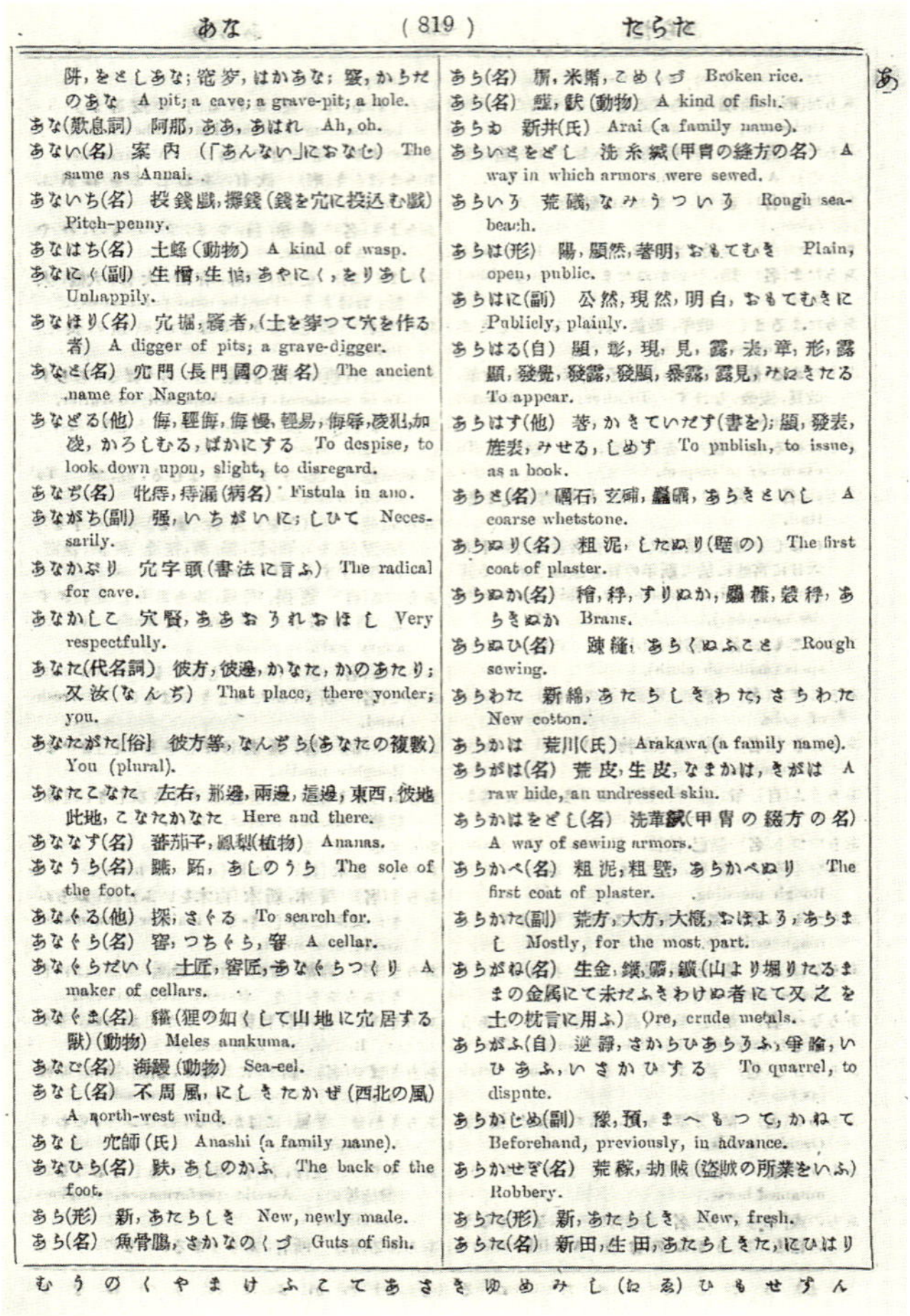
あな　( 819 )　たらた

あ

阱，をとしあな；窖窌，はかあな；竅，からだのあな　A pit; a cave; a grave-pit; a hole.
あな(歎息詞)　阿那，ああ，あはれ　Ah, oh.
あない(名)　案内　(「あんない」におなじ)　The same as Annai.
あないち(名)　投銭戯，擲銭(銭を穴に投込む戯)　Pitch-penny.
あなはち(名)　土蜂(動物)　A kind of wasp.
あなにく(副)　生憎，生怕，あやにく，をりあしく　Unhappily.
あなほり(名)　穴掘，竅者，(土を穿つて穴を作る者)　A digger of pits; a grave-digger.
あなと(名)　穴門(長門國の舊名)　The ancient name for Nagato.
あなどる(他)　侮，輕侮，侮慢，輕易，侮辱，陵犯，加淩，かろしむる，ばかにする　To despise, to look down upon, slight, to disregard.
あなぢ(名)　牝痔，痔漏(病名)　Fistula in ano.
あながち(副)　強，いちがいに；しひて　Necessarily.
あなかぶり　穴字頭(書法に言ふ)　The radical for cave.
あなかしこ　穴賢，ああおそれおほし　Very respectfully.
あなた(代名詞)　彼方，彼邊，かなた，かのあたり；又汝(なんぢ)　That place, there yonder; you.
あなたがた[俗]　彼方等，なんぢら(あなたの複數)　You (plural).
あなたこなた　左右，那邊，兩邊，這邊，東西，彼地此地，こなたかなた　Here and there.
あななす(名)　蕃茄子，鳳梨(植物)　Ananas.
あなうら(名)　蹠，跖，あしのうら　The sole of the foot.
あなぐる(他)　探，さぐる　To search for.
あなぐら(名)　窖，つちぐら，窨　A cellar.
あなぐらだいく　土匠，窖匠，あなぐらつくり　A maker of cellars.
あなぐま(名)　貛(狸の如くして山地に穴居する獣)(動物)　Meles anakuma.
あなご(名)　海鰻(動物)　Sea-eel.
あなし(名)　不周風，にしきたかぜ(西北の風)　A north-west wind.
あなし　穴師(氏)　Anashi (a family name).
あなひら(名)　趺，あしのかふ　The back of the foot.
あら(形)　新，あたらしき　New, newly made.
あら(名)　魚骨腸，さかなのくづ　Guts of fish.
あら(名)　糏，米糏，こめくづ　Broken rice.
あら(名)　鱸，鮩(動物)　A kind of fish.
あらゐ　新井(氏)　Arai (a family name).
あらいとをどし　洗糸縅(甲冑の縫方の名)　A way in which armors were sewed.
あらいそ　荒礒，なみうついそ　Rough sea-beach.
あらは(形)　陽，顯然，著明，おもてむき　Plain, open, public.
あらはに(副)　公然，現然，明白，おもてむきに　Publicly, plainly.
あらはる(自)　顯，彰，現，見，露，表，章，形，露顯，發覺，發露，發顯，暴露，露見，みはきたる　To appear.
あらはす(他)　著，かきていだす(書を)；顯，發表，旌表，みせる，しめす　To publish, to issue, as a book.
あらと(名)　礪石，玄砥，麤礪，あらきといし　A coarse whetstone.
あらぬり(名)　粗泥，したぬり(壁の)　The first coat of plaster.
あらぬか(名)　穭，稃，すりぬか，麤糠，穀稃，あらきぬか　Brans.
あらぬひ(名)　踈縫，あらくぬふこと　Rough sewing.
あらわた　新綿，あたらしきわた，さらわた　New cotton.
あらかは　荒川(氏)　Arakawa (a family name).
あらがは(名)　荒皮，生皮，なまかは，きがは　A raw hide, an undressed skin.
あらかはをどし(名)　洗革縅(甲冑の縫方の名)　A way of sewing armors.
あらかべ(名)　粗泥，粗壁，あらかべぬり　The first coat of plaster.
あらかた(副)　荒方，大方，大概，おほよそ，あらまし　Mostly, for the most part.
あらがね(名)　生金，鑛，礦，鑛(山より堀りたるままの金屬にて未だふきわけぬ者にて又之を土の枕言に用ふ)　Ore, crude metals.
あらがふ(自)　逆諍，さからひあらそふ，爭論，いひあふ，いさかひする　To quarrel, to dispute.
あらかじめ(副)　豫，預，まへもつて，かねて　Beforehand, previously, in advance.
あらかせぎ(名)　荒稼，劫賊(盜賊の所業をいふ)　Robbery.
あらた(形)　新，あたらしき　New, fresh.
あらた(名)　新田，生田，あたらしきた，にひはり

むうのくやまけふこてあさきゆめみし(ゐゑ)ひもせすん

図41　『漢英対照いろは辞典』

「漢字片仮名交じり」という体裁を採る。このことはあまり注目されないし、筆者自身これまでそのことについて考えたことはなかったが、この体裁は当該時期において、必ずしも一般的ではないともいえよう。図41は『言海』に先立つ明治二十一年に刊行された高橋五郎『漢英対照いろは辞典』であるが、英語は措くとして、見出しが平仮名、語釈は「漢字平仮名交じり」で片仮名は不使用である。したがって、『言海』の「見出し＝平仮名＋語釈＝漢字片仮名交じり」は相当に意識的なものとみてよいのではないか。

# 第七章　これからの日本語表記

近代郵便制度の創設者で、一円切手にもなっている前島密《ひそか》（一八三五―一九一九）は慶応二（一八六六）年十二月に徳川慶喜に「漢字御廃止之議」を提出する。西洋諸国と伍していくためには、教育が「成るへく速に行届」ようにしなければならない。そのためには漢字の習得に時間を費やすよりも、その時間を「事物の道理を講明」するためにあてたほうがよい、という主張である。前島密は明治六（一八七三）年には、自身の主張の実践ともいえる「まいにちひらがなしんぶんし」を創刊する。

福沢諭吉は明治六年に出版された『第一文字之教』の「端書」において「文章を書くに、むづかしき漢字をば成る丈け用ひざるやう心掛ることとなり。むづかしき字をさへ用ひざれば漢字の数は二千か三千にて沢山なる可し」と述べ、日常の言語生活で使用する漢字の数を制限することを主張する。「二千か三千」はおおざっぱな印象を与えるが、現在の常用漢字表が二一三六字を載せていることを考え併せれば、案外とそれにちかいことになる。

前島密、福沢諭吉の主張は幕末明治初期のものであるが、明治十五年から十七年にかけて『郵便報知新聞』の社主をつとめていた矢野文雄（龍渓）は明治十九（一八八六）年に『日本文体文字新論』を刊行する。その中で、矢野文雄は「普通書ニ用フ可キ常用ノ字数ハ其ノ総数僅ニ三千以下ニテ充分ナルベシ」と述べ、やはり日常の言語生活で使用する漢字の数を制限することを主張する。

先に述べたように、現在の常用漢字表は具体的に、右にあげたような主張の延長線上にあるわけではないが、結果的には、それにちかいところに位置しているといえよう。そういう意味合いでは、明治期の主張が「いきている」ということもできなくはない。

前島密は漢字の不使用を主張しているのであって、漢語の不使用を主張したのではなかった。しかし、日本語の語彙体系内に借用された漢語が多くの同音異義語をもつことを考え併せると、漢語の仮名書きは、いかにもわかりにくい。『日本国語大辞典』第二版においては、「トウカン」と発音する漢語の見出しが三十三並ぶ。もちろんそれらすべてが同じような場面で使われるわけではないだろうから、文の中に置けば、三十三の「トウカン」は区別がつくかもしれない。しかしまた借用された漢語ということになれば、習得していない、「心的辞書」に登載されるに至っていない漢語はつねにありそうだ。そうした新習得の漢語であっても、漢字で書くことによって、何ほどかに語義を予想することができる場合があろう。「透観」であれば、〈透《す》かして観《み》ること〉、「凍寒」であれば、〈凍りつくほどの厳しい寒さ〉などと語義を予想できる。そう考えれば、「漢語は漢字で書く」ということは自然な選択といえよう。

漢語の使用はやめない、漢語は漢字で書く、という二つの原則をたてるのであれば、漢字をどう使っていくか、ということが枢要になる。どう使うかの「内実」は、「どれだけの数の漢字を使うか」と「使う漢字と結びつきを認める「音・訓」をどうするか」という二つに分かれる。そして、明治期には夢想だにしなかったこととして、「電子的にどうするか」ということがそのいわば上にある。ほんとうは、まずは原理的に筋を通すことを重視し、それを電子的にどうするか、という順に考えればよいはずだ。右では「上にある」と述べたが、現在の状況を考え併せれば、「電子的にどうするかということを視野に入れながら」ではまだ不十分だろうと考えてのことだ。「電子的にどうするか」が、原理的に筋を通すことを阻害することもありそうになってきた。となれば、原理と同等に「電子的にどうするか」を考えておかなければ、結局は筋も通らなくなる。原理が定まってから「電子的にどうするか」が原理の後を追いかけたとしても、「電子的にこうします」は具体性とある種の「強さ」をもつ。そして「電子的に」は「できる／できない」ということとからむ。「できないこと」をできるようにすることはいいことだ、あるいは「できないこと」ができるようになることは楽しい、快感だ、という感覚はないだろうか。「できるけれどやらない」ということは人間にとってもっとも難しいことかもしれないと思う。そこには確かな信念が必要になる。

日常の言語生活においては、常用漢字表に載せられている漢字を使いましょう、というのは使用する漢字の数を制限するということだ。この考えかたは、昭和二十一（一九四六）年十一月十六日に内閣告示された「当用漢字表」（一八五〇字登載）から受け継いでいるといってよい。日常の言語生活が想定されているとすれば、「日常」の変化に伴って、そこでの言語生活において使用される漢字にも変化が生じることはあろう。そうした変化に伴って、登載している漢字を入れ替えるということは当然といってもよい。しかし、制限しているのだから登載する漢字数をどんどん増やしていくということではないはずだ。そして、常用漢字表が制限しているのに、電子的に使うことができる漢字が、いわば常用漢字表を超えてどんどん増えていくのはどうしたことか、と思わざるをえない。

例えば常用漢字表は「剣」という字体を載せ、丸括弧に入れて康熙字典体「劍」を示す。しかし、電子的にはこれら二字体の他に少なくとも「劒」「劔」「劒」を使用することができる。これは一例であるが、全般的にみれば、電子的に扱うことができる漢字はどんどん増えていっている。常用漢字表が日常の言語生活において使用する漢字の数を制限する一方で、電子的に扱うことができる漢字は常用漢字表を超えて増えていく。目的が異なるといってしまえばそういうことになるが、場面場面での原理を認めていくと、全体としては原理が一貫しなくなる。それでいいのか、よくないのか。

山田俊雄は一九九一年に出版された岩波新書『ことばの履歴』の「あとがき」において、「私の如きものにとっては、日本の言語にかかわる文化とでもいいたいことどもが、最近の三、四十年の教育の変化に伴って、いちじるしく荒廃して来ているように思われる。現代仮名遣いのことよりも漢字制限の方法のつたなさが、いかにも過去の日本をないがしろにしていると痛切に感じる」と述べた。一九二二年生まれの山田俊雄は、この一九九一年には六十九歳であった。「教育の変化」は一九九一年からこれを書いている二〇一七年までの二十六年間でさらに進行したといってよいだろう。

しかし、現在においても考えるべきは「漢字制限の方法」であると考える。「漢字制限」は使用する漢字の数に限ったことではない。使用する漢字にどのような「音・訓」を認めるかということも「漢字制限の方法」に含まれる。

ある語を文字化するにあたってのもっとも端的な文字選択は、漢字で書くか、仮名で書くかというところで行なわれる。一つの（とくくることができる）和語にあてる漢字を一つにすれば、語と漢字との対応が一対一になる。「和語にあてる漢字」の「和語」を漢字側からみれば、それは「訓」ということになる。例えば、常用漢字表内で、「すこやか」という訓を認められているのは「健」字のみである。したがって、常用漢字表に従って、文字化するのであれば、和語「スコヤカ」には必ず「健」字をあてることになる。そうでなければ仮名で書くしかない。この場合、和語「スコヤカ」と漢字「健」とは一対一の対応をしている。「ふえる」という訓が認められている漢字は二つある。「殖」と「増」とである。こうなると、どういう場合に「殖」字を使い、どういう場合には「増」を使うか、ということが気になる。「同訓異字」と呼ばれる事象だ。これは日本語を漢字で書くことを始めてからずっと継続している「課題」といってもよい。『万葉集』をみれば、和語「フム」に「踏」（一二六七番歌等）をあて、「践」（二六九二番歌）をあて、「履」（一二二五番歌）をあて、「蹈」（二四九八番歌等）をあて、という状況がみられる。それぞれの漢字には字義がある。それがよくわかっている人は、その字義にできるだけ沿った文字化をしようという意識が自然にはたらくだろう。だから、こういう場合にはこの字を使うという「傾向」が感じられる場合もあろう。その「傾向」は「漢字字義に沿って漢字を使う」つまり中国語規範にできるだけ従って漢字を使うという「傾向」だ。これは漢字字義をかなり知っていることが前提となる。知っていないのに、こういう場合にはこの字を使うと個人的に「決めて」

使うこともできる。これは個人的に決めたことだから、他者と共有されていない。他者と共有されていない「決めごと」は「共有」ということからすれば、決まっていないということと変わらない。個人的に決めたことはおそらくは中国語規範からは離れるだろうから、それを「非中国語規範的」とみることはできる。「非中国語規範的」を「日本的」と言い換えてよいとすれば、かくて漢字の使いかたには「中国語規範的な使いかた」と「日本的な使いかた」とがあることになる。これもずっと継続していることだろう。

漢字「希」の字義は〈まれ・のぞむ〉で、漢字「稀」の字義は〈まれ〉である。漢語「キボウ（希望）」においては「希」字は〈のぞむ〉という字義で使われているが、漢語「キハク（希薄）」においては「希」字は〈まれ〉という字義で使われている。すなわち、現代日本語で使う漢語の中で、「希」字は〈のぞむ〉という字義で使われたり、〈まれ〉という字義で使われたりしている。そのことをふまえると、「希」字に〈まれ・のぞむ〉という二つの訓を認めておくことには意義がありそうだが、常用漢字表は「希」字に訓を一つも認めていない。そのことは今は措く。一方「稀」字の字義は〈まれ〉しかない。「希」字と「稀」字とは発音が「キ・ケ」で重なっており、字の形にも共通性がある。だから、「稀」字を含む漢語の「稀」字を「希」字ですべて置き換えてもさしさわりがないだろう、というのが「同音の漢字による書きかえ」である。第三十二回の国語審議会総会（昭和三十一年七月五日）で文部大臣あてに報告として提出されたもので、内閣告示されていないが、その後この書き換えがさまざまなところで行なわれていった。戦後の漢字使用の陰のルールといってもよいがあまり知られていないかもしれない。この書き換えルールによって、「恢復」は「回復」、「鞏固」は「強固」、「嶮岨」は「険阻」、「礦石」は「鉱石」、「昂奮・亢奮」は「興奮」、「混淆」は「混交」、「撒水」は「散水」、「車輛」は「車両」に書き換えられることになった。そうしたことをいわばすでに「やってしまった」。例えば、「撒水」の「撒」字の字義は〈まく〉で、「散水」の「散」字の字義は〈ちる〉である。漢語「サンスイ（撒水）」の語義は〈水をまく〉であるはずだから、いくら音が「サン」で共通し、字形にも共通性があるからといって、「撒」字のかわりに「散」字を使うことは、字義を重視するのであれば、できない。しかしそれをいわば「やってしまった」。このことによって、訓によって漢語の語義理解をするということの一部がうまくいかなくなったはずだが、そうした状況になってから六十年以上経過しており、もはやそのことは日本語にあまり影響を与えていないかもしれない。

『三省堂国語辞典』第七版（二〇一四年）は「社会常識語」に符号を附している。「この辞書のきまり」は「社会常識語」を「現代のさまざまな情報をよみ解く上で必要な、社会人にとっての常識語」と説明している。約三千二百語に符号が附されているとのことだ。

その「社会常識語」がどのように説明されているかをみてみよう。例は省く。語釈中の傍点は筆者が附した。

1　えんいん〔遠因〕遠い原因。間接の原因。
2　がいきょう〔概況〕だいたいのようす。
3　かいきん〔解禁〕禁じられていた状態をなくすこと。
4　がいし〔外資〕外国からの資本金。
5　がいしょう〔外傷〕切りきずややけどなど、からだの外部についたきず。
6　かいそ〔改組〕組織を改めること。
7　かこん〔禍根〕わざわいのもと。
8　かんさ〔監査〕会社や団体の会計を監督（カントク）し検査すること。
9　かんもん〔喚問〕〔法律上の手続きとして〕呼び出して問いただすこと。
10　きゅうじょう〔窮状〕困っているようす。

ここで『三省堂国語辞典』第七版の語釈のよしあしを述べようとしているわけではない。語釈がどのように記されているかをみて、漢語が一般的にどのように理解されているかを窺おうということだ。

常用漢字表は「窮」字に「きわめる・きわまる」二つの訓を認めている。「キワマル」は〈はてに至る〉ということだから、その結果として〈こまる・くるしむ〉こともある。10は漢語「キュウジョウ（窮状）」の上字「窮」を〈こまる〉ととらえ、下字「状」を〈状態・ようす〉ととらえ、それを組み合わせて「キュウジョウ」の語義を説明している。「状」を〈状態・ようす〉ととらえているのは、2も同様だ。2では漢語「ガイキョウ（概況）」の上字「概」の字義を〈だいたい〉ととらえている。これらは、漢字二字で構成されている漢語の上字、下字の訓を媒介として漢語全体の語義を理解している。

一方、4「ガイシ（外資）」は上字「外」を〈ガイコク（外国）〉、下字「資」を〈シホンキン（資本金）〉ととらえている。この場合は上字下字を漢語に置き換えて理解しているといえよう。同様の例が8である。6は漢語「カイソ（改組）」の上字「改」を〈あらためる〉、下字「組」を〈ソシキ（組織）〉と理解しているので、二字のうち、一字を訓で、一字を漢語で理解していることになる。

このように、漢語の理解には、当該漢語を構成する単漢字の訓が重要なはたらきをしている。これはあまりにも自然に行なわれているために、気づきにくいかもしれない。となると、やはり常用漢字表がある漢字にどのような訓を認めるかということが漢語の理解に影響を与えることが推測される。このことを漢語側からいえば、現在よく使われている漢語を理解するために有効そうな訓は認められていたほうがよい、ということになる。そして、このことを「日本語の観察」という観点からいえば、単漢字の理解と漢語の理解とは深くかかわりあいがある、ということになる。

現代の日本語といった時に、その「現代」をどのように定義するかということがまずあるが、それを昭和以降の日本語と仮に考えることにしよう。そうすると現代の日本語は（変ないいかたになるが）昭和の始まった一九二六年十二月二十五日以降の日本語ということになる。「現代の日本語」について何か考えるなら、まずその「現代の日本語」がどのような状況下にあるかを共時的に観察すればよい。しかしその「現代の日本語」は突如として出現したものではなく、昭和の始まった一九二六年十二月二十五日より前の日本語と深くかかわりあいをもっている。「前の日本語」があるから「現代の日本語」があるといってもよい。言語は人間が使用しているうちに、自然に変化し、移行していくものだ。平仮名だって、誰かが「私がつくったこの仮名を平仮名として明日から使ってくれ」といって使い始められたわけではない。変化や移行の「理由」を過剰に追究すると、ことを見誤る危険がある。しかし、「なぜ」という問いは捨てたくない。「なぜ」という問いをもちながら、まずは言語の自然な変化、移行を表層的な現象としてではなく、もう少し深いところでとらえようとする、ということが重要であろう。それは言語のもつ「見えないルール」に迫ろうとするということでもある。そう考えると、やはり「現代の日本語」を精密にとらえるためには、その「前の日本語」についての精密な観察が必要になる。

「日本語の歴史」は時間軸に沿って、例えば、七世紀頃から八世紀、九世紀と述べられてきた。そのために、「現代の日本語」の直前の時期、明治期、大正期、昭和期についてはあまり述べられてきていない。明治期はともかくとして、大正期以降はまだ「日本語の歴史」に組み込まれていないともいえる。一八六八年から一九二六年十二月二十四日まで、つまり、明治期、大正期にあたる時期の観察が、「現代の日本語」を考えるために特に重要になりそうだ。

「電子的に日本語を扱う」ということは今後どんどんその「エリア」を拡大していくであろう。そもそも「拡大」が必要かどうかということの議論も必要であろう。必要となったら、それは是非とも筋の通ったものであってほしい。筆者は「電子的に日本語を扱う」ということがらについて具体的に発言できることは少ないという自覚がある。せいぜい、一九二六年十二月二十五日より「前の日本語」についての観察の深度を深め、そうした面から発言していこうと思う。自然に変化し、移行していく言語に、人為的にかかわるのであれば、考えられる限りは筋の通ったかかわりかたをしてほしいと切に思う。

# あとがき

本書は『漢字とカタカナとひらがな――日本語表記の歴史』をタイトルとしている。「日本語を書くための文字」は、仮名がうまれるまでは漢字であった。漢字を使って日本語を書くという経験の後に仮名がうまれた。したがって、「漢字を使って日本語を書く」ということが「日本語を書く」ということに深くかかわっているとみるのがよいだろう。『漢字とカタカナとひらがな――日本語表記の歴史』というタイトルの本が、本書より、もっと文字側に引きつけた「位置」で話題を展開することもあり得る。しかし、本書は「日本語を書く」という枠組みの中で漢字、片仮名、平仮名について述べている。言語を書くための文字は、言語とともに観察するのが自然であるし、それがやはりおもしろい。本書は日本語をどう書くかという、日本語の表記とともに文字について述べている。

本書中でも繰り返し述べたが、日本語をどう書いてきたか、という日本語表記の歴史を語ることには難しさが伴う。その「難しさ」が克服できたとは思えないが、それでも、そうした位置から文字をとらえることのおもしろさが少しでも伝わっていればさいわいだ。文字に限らず、過去の事象を考えようとする時には、「連続／不連続」ということが大事な観点になる。過去から現在まで、ずっと連続していることがらなのか、そうではないのか、ということだ。「連続」は「歴史」と言い換えることができる場合があるだろう。近時、この「歴史」あるいは「連続」という感覚が希薄になっているのではないか、と思うことがある。それが、「現在」の過度の重視から引き起こされているのでなければいいが、と思う。

必要があって、現代の短歌を集中的に読んだ。その結果、斎藤茂吉の短歌作品を丁寧によんでみようと思い、『赤光』から順番に歌集を読み始めた。山形県上山市にある斎藤茂吉記念館が、二〇一七年九月一日からリニューアルのためにしばらく休館することを知り、夏期休暇中に山形県にでかけた。自筆原稿なども展示してあり、興味深かった。せっかく山形まで来たのだからと思い、立石寺にも行ってみた。上まで行くのはきついかと思ったが、案外いけたので、まだ体力はなんとか大丈夫かもしれない、とほっとした。立石寺は、芭蕉が「しずかさや岩にしみいる蝉の声」という句をつくったといわれているところであるが、この風景を芭蕉も見たと思うと、少し感慨深い。そうした感慨深さも「連続」であり「歴史」である。「連続」や「つながり」をどうとらえ、どう評価するかは難しいが、そうした「感覚」は失わないようにしたいということを最近折にふれて思うようになった。

二〇一七年八月

今野真二

【著者】
今野真二（こんの しんじ）
1958年、神奈川県生まれ。早稲田大学大学院博士課程後期退学。清泉女子大学教授。専攻、日本語学。著書、『辞書をよむ』『リメイクの日本文学史』（以上、平凡社新書）、『百年前の日本語』『日本語の考古学』『北原白秋』（以上、岩波新書）、『戦国の日本語』『ことばあそびの歴史』『図説 日本の文字』『図説 日本語の歴史』（以上、河出書房新社）、『漢和辞典の謎』（光文社新書）、『常用漢字の歴史』（中公新書）、『振仮名の歴史』『盗作の言語学』（以上、集英社新書）、『「言海」を読む』（角川選書）など多数。

平凡社新書856

漢字とカタカナとひらがな
日本語表記の歴史

発行日——2017年10月13日　初版第1刷

著者——今野真二
発行者——下中美都
発行所——株式会社平凡社
東京都千代田区神田神保町3-29　〒101-0051
電話　東京（03）3230-6580［編集］
　　　東京（03）3230-6573［営業］
振替　00180-0-29639
印刷・製本—図書印刷株式会社
装幀——菊地信義


ISBN978-4-582-85856-3
NDC分類番号810　新書判（17.2cm）　総ページ224
平凡社ホームページ　http://www.heibonsha.co.jp/